# 사랑한다면 전도하라

**성령과 함께 하는 개인전도 지침서**

## 사랑한다면 전도하라
성령과 함께하는 개인전도 지침서

지은이 / 천무엽
펴낸이 / 김윤환
펴낸곳 / 열린출판사
1판 1쇄 펴낸 날 / 2022년 3월 10일
등록번호 / 제2-1802호

등록일자 / 1994년 8월 3일
주소 / 경기도 시흥시 하중로 203 (3층)
2022ⓒ천무엽

저자와의 협의에 의해 인지는 생략합니다.
이 책 수록된 내용은 출판사와 저자의 허가없이 임의 사용할 수 없습니다
파손된 책은 교환하여 드립니다.

ISBN 978-89-87548-30-2  03230

값 13,000원

# 사랑한다면 전도하라
**성령과 함께 하는 개인전도 지침서**

천무엽ⓒ열린출판사

## 저자 소개_ 천무엽

저자는 협성대학교 및 동 신학 동대학원 졸업하고 40여년 현장 목회에서 직접 전도를 실천하고 교인들에게 전도의 사명을 가르쳐 개척 목회에서 지역사회에 영향을 끼치는 교회로 성장해 왔다. 뿐만 아니라 미국 Dubuque University 목회학 박사와 Trinity Global University 명예신학박사로서 각 신학교 및 신학대와 신대원에서 목회와 선교 전도를 강의해 왔다. 지금은 인천 신생감리교회 담임목사에 물러나 원로목사로서 Trinity Global University 교수(이사장)와 아프리카 대륙선교회 이사 및 객원교수로 활동 중이다. 주요논문에는 『현대교회와 노인목회』와 『현대교회의 비전과 그 중요성에 대한 연구』가 있고 저서 『목회비전과 교회행정』 등이 있다.

# ■ 목 차

**머리글** _6
**추천사** _8

## 제Ⅰ부 개인 구령사역
제1장 개인 구령 사역의 성경적 근거 _15
제2장 누가 할 수 있나? _19
제3장 어디서 해야 하나? _25
제4장 복음의 핵심 전하는 법 _29
제5장 전도지를 통한 사역 _37
제6장 가정심방을 통한 사역 _47
제7장 구령상담을 할 때 조심해야 할 것들 _54

## 제Ⅱ부 결신한 사람에 대한 양육
제1장 기본 양육Ⅰ _63
제2장 기본 양육Ⅱ _71
제3장 일상생활에 승리를 위해 받아야할 훈련 7가지 _86

## 제Ⅲ부 상담을 통한 구령 사역
제1장 실패의 삶을 살고 있는 이들을 위한 상담 _99
제2장 잘못된 소망을 가진 사람을 위한 상담 _112
제3장 문제를 안고 사는 사람을 위한 상담 _124

### ◆ 부록 _143
1. 전도를 위한 계획
2. 전도대상자의 심리상태
3. 4가지 사실
4. 글 없는 책

## ■ 머리글

　이 책은 효과적으로 다른 사람에게 복음을 전하고, 복음을 받아들인 사람을 양육하여 사역자가 될 수 있도록 하고, 사역자들과 평신도들의 전도사역을 돕기 위한 목적으로 쓴 책입니다.
　교회 안에는 복음을 전할 수 있는 사람들이 많이 있습니다. 하지만 그들 중 대부분의 사람은 복음을 어떻게 전해야 하는지 그 방법을 잘 모르거나 알아도 훈련되지 않아 전하지 못하고 있는 것이 현실입니다. 어떤 사람은 수십 년 교회를 다니면서도 자신도 구원의 확신이 없을 뿐 아니라 다른 어떤 사람에게도 전도지 한 장도 전해 보지 못한 사람이 있습니다. 그런 분들에게 이 책은 큰 도움이 될 것이라고 믿습니다.

　이 책의 내용은 대부분 필자가 오랫동안 개인 전도와 목회를 하면서 실제 경험한 것들과 전도훈련 시 받은 것들을 중심으로 쓴 것입니다. 성령 하나님은 다양한 사람을 통해 다양한 방법으로 복음을 전하게 하십니다. 만일 당신이 지금부터라도 개인 전도에 관심을 갖게 된다면 개인전도경험을 토대로 한 유익한 책을 많이 만날 것입니다. 당신이 좋은 전도자가 되는 길에 당신에게 맞는 책을 선정하여 매일 한 장씩 읽고 적용해 보시기 바랍니다.

　성경에 "무엇을 가리켜 이르기를 보라 이것이 새 것이라 할 것이 있으랴 우리가 있기 오래 전 세대들에도 이미 있었느니라"
(전 1:10)하신 말씀대로 모든 유능한 전도자들은 대부분 목회자와 선배전도자들의 도우심을 받아 전도를 잘하게 되었고, 저도 그 중 한사람입니다.

 전도의 거룩한 목적은 한 영혼의 구원(개인구령 : 個人救靈)으로 세상을 구원하는(구세 :救世)하는 것입니다. 따라서 이 책에서는 개인전도 사역을 '개인 구령 사역' 으로 함께 표기했음을 밝혀 둡니다.

 이 책이 나오는 데 큰 힘이 되어 주신 많은 분들이 계십니다. 먼저 신생교회 최성우 담임목사 부부와 항상 제 곁에서 최선을 다해 응원하고 힘이 되어 주는 아내 그리고 물질로 지원해 주신 박향숙 권사님, 책이 발간되기까지 애써 준 고향진 교육사, 수련목회자 정광헌 전도사, 감수와 추천의 글을 써주신 분들께 감사드립니다.

 그리고 부족한 사람을 곁에서 기도로 돕는 김동효, 임형남, 이원희 전도사와, 장로님들과 성도님들께 깊은 감사를 드립니다. 무엇보다 늘 제 삶을 붙드시고 인도하시는 성령 하나님께 모든 영광을 돌립니다.

2022년 새봄을 앞두고<br>
저자 천 무 엽 목사

## ■ 추천사

　복음 전도는 구원받은 성도의 사명이다. 개인의 영혼을 구원하고 가정을 회복하고 세상을 하나님이 나라로 세워나가는 가장 기본적인 하나님의 일은 개인전도에서 시작된다. 지금까지 전도에 관한 책들이 국내외적으로 많이 소개되었다.

　천무엽 목사님께서 쓰신 "사랑하면 전도하라"는 책에는 전도할 이유, 전도 방법, 그리고 결신한 사람의 양육과 그 사람이 또 다른 사람을 전도할 수 있도록 전도의 제자 삼는 전체과정을 자세하게 설명하고 있다. 그리고 모든 전도에 대한 모든 방법과 과정을 성경본문에서 찾고 그 말씀들을 함께 인용하고 있는 것이 다른 전도에 대한 책들과 다른 점이다. 그리고 천목사님은 청년 때에 전도를 받고 예수를 믿고 신학을 하고 어려운 지역에서 전도사역을 통해 교회를 개척하고 전도목회에 성공하신 훌륭한 전도자요, 목회자요, 설교가요, 목회행정가로 미국에서 목회학 박사학위도 받으시고 여러 신학대학교에서 교수하고 계시는 이론과 실제를 모두 겸비하신 매우 귀한 하나님의 종이다. 한국교회 목회자들과 성도들이 이 책을 통해서 다시 전도의 새바람이 일어나 개인과 가정이 변화되고 교회가 부흥되어 세계를 향하여 선교하는 역사가 일어나기를 간절히 소망한다. 마지막으로 작은 바람이 있다면 영어와 중국어 또 기타 해외 다른 언어로 번역되어 해외의 교회 지도자들과 성도들이 전도훈련과 교재로 사용할 수 있으면 좋겠다. 이 책을 읽는 모든 분들에게 하나님은 은혜와 평강이 함께 하기를 기원한다.

트리니티 국제대학교 총장<br>
김 연 택 박사

## ■ 추천사

평생을 선교기관에서 전임사역을 하며 교육분야에서 교회들을 섬겨왔던 나에게 추천사를 부탁해 왔다. 추천사를 쓸 감이 아니지만 그저 가까이서 천무엽 목사의 목회사역을 보아온 사람으로서 한마디를 할 수 있다는 생각에 팔을 들었다.

사실 천무엽 목사와 첫 만남은 신생교회 교사 헌신예배에 초청받아 설교한 이후였던 것 같다. 그때 대화를 나누면서 그의 전도에 대한 열정과 우리 어린이전도협회에 대한 남다른 애정을 확인하면서 가까워지게 되었다. 그 후로 자주 전도협회 인천지회 사역훈련장소로서 신생교회를 이용할 수 있게 되었고 또한 어린이전도협회 사역을 적극적으로 지원해 주었다.

교회 담임 목회자로서 개인 전도를 꾸준히 한다는 것은 쉽지 않는 일이다. 그러나 저자는 주머니에 <글없는 책>(어린이전도협회의 전도 도구)를 휴대해 다니면서 어린이나 어른 할 것 없이 만나는 사람들에게 복음을 전한다는 사실은 그의 구령의 열정을 엿볼 수 있는 단면이 아니겠는가? 그런 그가 전도에 대한 책을 낸다니 이렇게 반가울 수가 없다. 그 첫째 이유는 잃은 영혼을 찾으시는 참 목자이신 예수님의 본을 실천하시는 분이시기에 한국교회에 귀감이 되리라 믿어지기 때문이며, 둘째는 목회를 경영적 측면으로 접근하지 않고 영혼 사랑하는 방향에서 접근하시는 모습이 널리 알려지기를 바라는 마음에서다. 셋째는 책의 내용이 실용적인 접근을 하고 있어 휴대하면서 보아도 도움이 될 거라는 확신 때문이다. 바라기는 이 작은 책을 통해 한국교회 목회 현장에 신선한 바람이 일고, 나아가 많은 구령의 역사가 일어나 이 민족에 푸르고 푸른 그리스도의 계절이 오게 되었으면 한다.

한국어린이전도협회 인천지회 전 대표 박 규 현 목사

## ■ 추천사

　'사랑한다면 전도하라' 천무엽 목사님의 저서는 그의 목회 철학으로 목회 처음부터 일관되게 목회를 마감하면서 한국교회 성도들에게 그리스도인 증인의 삶에 필수적인 경험담이라 생각된다. 제가 아는 바로 저자는 처음 예수를 만나게 된 동기가 군대에서 친구로부터 전도를 받고 양육을 받은 경험이 목회자로서의 삶에도 예수님의 첫 사랑에 빠져 그 사랑이 식지 않은 전도의 목회로 이어졌다고 본다.

　그리스도인의 삶이 그리스도의 사랑으로 채워지고 그 사랑이 계속 주위의 사람들에게 흘러나가게 하는 것이 전도이며 증인의 삶이기 때문에 이런 삶으로 목회하신 저자의 경험담은 전도의 삶을 살려고 하는 성도들에게 매뉴얼이 되리라 믿는다.

　목사나 선교사 그리고 그리스도인이 예수님의 첫사랑을 계속 경험하는 삶을 살려면 누구라도 필수 도서로 추천하는 바이다. 현재 코로나로 인해 한국교회 중 수많은 개척교회나 작은교회가 문을 닫고 어려움이 있다고 한다. 이런 상황에 그리스도인들은 그리스도인의 증인의 역할을 한다면 예수님의 첫 사랑을 회복할 뿐아니라 한 영혼을 사랑하는 마음이 회복되어 그리스도를 전하는 개인이나 교회가 회복되리라 믿는다. 그런 의미에서 이 책은 코로나 예방하는 백신처럼 그리스도인들의 삶과 교회를 회복시키는 역할을 할 것을 믿어 강하게 추천하는 바이다.

　　　　　　　　　　　　　　　한국외국인선교회 대표
　　　　　　　　　　　　　　　전 철 한 박사

## ■ 추천사

저자는 영혼 사랑에 남다른 열정을 품은 전도자이다. 인천 서구의 가난한 지역에 교회를 개척하면서 신생교회라고 이름을 짓고 새 생명 건지는 목회를 시작하여 은퇴하기까지 개인 전도와 양육 훈련을 통해 교회를 성장시킨 신실한 목회자이다.

특히 교회가 세계선교에 헌신할 수 있도록 속회의 이름을 선교지 국가명으로 정하여 교인들에게 선교 사명을 고취시키고 저자 자신이 직접 아프리카와 아시아 현지로 다니며 전도 집회를 인도하였으며 선교사를 파송하고 적극 지원함으로서 현지 교회들과 신학교를 설립하는데 탁월한 선교행정력을 발휘하기도 하였다.

또한 지역 사회를 섬기는 일이 전도의 기회를 만들어준다는 사실을 인식하여 사회복지 사업에도 심혈을 기울여 신생요양원, 천사요양원, 그리고 장애인 복지센터 등을 운영하는 복지선교 사역에도 선도적인 역할을 하고 있다.

그의 저서 "사랑하면 전도하라:는 이론에 머무른 학문적인 책이 아니라 한 영혼 구원에 대한 고민과 기도 속에서 우려낸 전도 매뉴얼이다. 목회자가 아무리 전도하라고 외쳐도 교인들은 어떻게 할지 모르고, 목사라 할지라도 전도하기를 주저하는 이들에게 구체적 방법론을 제시해주는 전도 실기 교본이라는 것이다. 이 책을 통하여 많은 이들이 구원에 이르며 교회가 전도를 통해 부흥 성장하는 역사가 일어나기를 기대한다.

금곡성결교회 담임목사
임 재 성 박사

제1부

# 개인 구령 사역

# 제1장 구령 사역의 성경적 근거

(요 1:40-42, 왕하 5:1-19)

## 1. 개인 구령 사역의 이해

안드레가 설교한 적이 있는지는 잘 모른다. 그 이유는 그가 설교했다는 기록이 성경에 없기 때문이다. 그러나 그가 개인적으로 인도한 형제 베드로는 예수님을 만나 수제자가 되었고, 또 그의 설교로 하루에 삼천명, 오천명을 회심시켰다. 만일 그를 그리스도께로 인도하지 않았더라면 지금의 베드로는 있지 않았을 것이다.

보스턴의 사업가 에드워드 킴벨은 교회학교 교사로 있을 때 주일예배에 출석하지 않은 10대 소년인 구두 수리공 D. L. 무디를 심방하여 그를 주님께로 인도했다. 그가 만일 무디를 주님께로 인도하지 않았다면 그리스도를 위해 했던 무디의 위대한 사역은 어떻게 가능했겠는가?

나는 설교사역의 능력을 믿는다. 그러나 그리스도인들이 개인 구령에 대한 자신의 책임과 특권을 사용한다면 세계복음화는 훨씬 더 빨리 이루어질 것이다.

최근 코로나 펜데믹으로 인해 모든 교회가 어려움에 처해 있다. 그러나 만일 성도들이 성령의 권능을 힘입어 자신과 관계있는 사람들에게 개인사역의 책무와 특권을 다한다면, 교회는 엄청난 부흥을 경험하게 될 것이다.

어떤 사람들은 개인구령에 대한 잘못된 인식을 가지고 있다. 즉 전도는 목회자나 교회 직분자, 혹은 전도의 은사를 받은 사람들의 몫이라고 생각하여 아예 전도를 시도조차 하지 않는 것이다. 그들의 그런 핑계는 예수님께서 "너희는 모든 족속에게 가서 복음을 전하라"는 지상명령에 대한 사명을 불순종하고 있다는 것을 알아야 한다. 이들의 영혼에 대한 무관심 때문에 교회는 편의주의에 빠지게 되고, 불평과 두려움 그리고 세상적 욕망으로 하나님께 받은 은혜에 대한 감격과 기쁨도 잃어버리고 감사도 잊게 되었다. 그리하여 이단들이 교회 안에서 판을 치고 그들 때문에 연약한 성도들과 구원을 사모하여 온 사람들이 예수님을 만나지 못하고 이단에 빠지거나 교회를 떠나게 된다.

또 어떤 사람들은 자신의 약점이나 부족이 초기 바울이 생각한 것처럼 하나님의 능력과 사역에 방해가 된다고 생각한다. 그러나 하나님은 그것이 유익이 된다고 하셨고 바울 역시 나중에 "나의 여러 약한 것들에 대하여 자랑하리니 이는 그리스도의 능력이 내게 머물게 하려 함이라"(고후12:9-10)고 고백하였다.

오늘날 많은 교회와 성도들은 총동원 주일 같은 전도 집회에 익숙해 있다. 그리하여 한 명에게 복음을 전한다는 것은 시간 낭비처럼 생각한다. 그러나 예수님께서는 한 번에 오천 명 이상에게 말씀을 전하실 때도 있었지만 수가성 여인 한 사람을 상대하는 개인전도를 소홀히 하시지 않으셨다. 그녀는 예수님의 전도로 복음을 받아들인 즉시 그 성에 뛰어 들어가 그리스도를 전함으로 복음전도자가 되었고 그녀의 전도로 그 성의 많은 사람들이 복음을 들으려고 예수님께 나아와 말씀을 듣고 믿었다. 그러므로 개인구령사역의 중요성을 멸시하는 사람은 예수님을 잘 모른다고 할 수 있다.

## 2. 개인구령의 특징

### 1) 누구나 할 수 있다.

교회에서 설교할 수 있는 사람은 몇 명 안 된다. 그러나 하나님의 자녀라면 누구나 개인구령을 하는 방법을 배워 구령자가 될 수 있다.

수많은 가사 일을 하는 가정주부도 개인 구령을 할 수 있다. 먼저 자녀들을 구령할 수 있고 일상생활에서 만나는 이웃들 즉 식료품, 세탁소, 정육점, 빵가게 주인, 심지어 집을 찾아와 그 집 현관문을 두드리는 사람들에게도 복음을 전할 수 있다. 병으로 집에만 갇혀 있는 사람도 병문안을 오는 친구들이나 친척들에게 간증을 통하여 예수님을 전할 수 있다.

### 2) 장소를 불문하고 어디서나 할 수 있다.

포로로 잡혀온 어린소녀가 나병환자 나아만 장군에게 복음을 전한 것을 우리는 잘 알고 있다(왕하5:1-14). 여행하는 사람들이 이 마을에서 저 마을로 배, 기차, 비행기로 여행을 할 때 혹은 호텔이나 가게에서도 구령의 기회를 얻을 수 있다.

### 3) 시간에 구애받지 않고 할 수 있다.

교회 지도자의 설교시간과 말씀을 가르치는 시간은 매우 제한적이다. 일주일에 두세 번이나 혹은 서너 시간에 불과하다 그러나 개인구령은 일주일 내내 밤이든, 낮이든 상관없이 할 수 있다.

### 4) 모든 계층의 사람들에게 할 수 있다.

누구나 접근하기 어려운 부류의 사람들이 있다. 그들은 특수한 사람들만이 만날 수 있다. 만일 그 만나는 사람이 예수님을 믿고 구령할 줄을 안다면 그를 만나는 사람들에게도 구원의 기회가 주어지게 될 것이다. 외출이 불가능한 장애인, 화물차나 택시기사, 경찰, 지하철 기관사들, 구급차 기사, 소방관, 가난한 사람들, 부유한 사람들 등 …그러나 개인구령이라면 이들 모두를 만날 수 있다.

### 5) 복음의 핵심을 전할 수 있다.

설교는 어쩔 수 없이 대중적일 수밖에 없다. 교회를 출석하여 설교와 가르침을 받아도 복음을 깨닫지 못해서 구원받지 못할 수도 있다. 그럴 때 개인구령을 할 줄 아는 사람을 만나게 된다면 복음의 핵심을 듣고 구원 받을 수 있다.

### 6) 개인의 요구를 충족시킬 수 있다.

개인구령은 상대하는 사람의 욕구와 갈증을 모두 충족시켜 줄 수 있다. 예를 든다면 그의 고민이나 그의 영적 갈망에 맞추어서 복음을 전할 수 있다는 것이다. 분명한 것은 주님을 개인의 구주로 영접하려면 개인적인 접촉이 꼭 필요하다. 간수는 바울의 찬양과 기도로 하나님의 기적을 경험했으나 그와 그 가족이 구원 받는 데에는 바울의 개인 구령 사역으로 결실을 맺게 되었다(행16:31).

# 제2장 누가 할 수 있나?

## 1. 예수 그리스도를 구주로 영접한 경험이 있는 사람

"미쁘다 모든 사람이 받을 만한 이 말이여 그리스도 예수께서 죄인을 구원하시려고 세상에 임하셨다 하였도다. 죄인 중에 내가 괴수니라"(전 1:15)

사도 바울은 다른 사람들을 예수님께로 인도할 때 늘 자신의 과거의 삶의 간증을 통해 구세주를 다른 사람들에게 증거 했다.

## 2. 영혼을 불쌍히 여기는 마음을 가진 사람

다른 사람의 영혼을 불쌍히 여기고 구원받지 못한 사람이 지옥으로 갈 것을 긍휼히 여기는 마음이 있는 사람은 누구나 밤낮으로 쉬지 않고 구령에 애쓰는 것을 볼 수 있다.

어떻게 이런 사랑의 마음을 소유할 수 있을까? 예수님께서 십자가에 죽으심으로 우리에 대한 하나님의 사랑을 깊이 깨달은 사람만이 소유할 수 있다(눅7:47) 사도 바울은 자신은 죄인들 중의 괴

수임을 깨달았을 때 자신의 사명인 이방인을 위한 구령사역에 목숨을 아끼지 않게 되었다.

## 3. 구령사역에 대한 불굴의 의지가 있는 사람

성공적인 구령은 불굴의 의지의 열매이다. 한사람이 구원받기 위해서는 많은 인내와 참을성을 요구한다. 그것은 사람들을 흑암의 권세에서 건져내는 것(골1:13)이기 때문이다. 어떤 사람은 복음을 듣는 순간에 또 어떤 사람은 한 달 혹은 1년 그보다 더 긴 세월을 견뎌야 할 때도 있다.

한 선교사는 선교지에서 7년을 사역했지만 한 명도 그리스도께로 돌아오지 않자 실망하여 본국으로 돌아갈 준비를 하고 있었다. 그날 밤 꿈에 자신이 망치로 큰 바위를 치고 있었는데 바위가 끄떡도 하지 않자 포기하고 돌아서서 가려하는데 소리가 나길 "바위를 자세히 보라 그리고 계속하라" 그래서 자세히 보니 바위에 실금이 많이 있는 것을 보게 되었고, 그 후 그는 계속 전도하여 수많은 사람을 구원케 되었다.

그러므로 한번 기도로 시작한 가족, 친지, 친구 등 누구든지 10년, 50년이라도 포기하지 않는 불굴의 의지가 필요하다.

우리가 잘 알고 있는 기도의 사람 죠지 뮬러는 예수님을 안 믿는 다섯 명의 친구들을 위해 매일 기도했는데, 세명의 친구는 그의 생전에 예수님을 믿었지만, 두 명의 친구는 그가 죽고 나서야 예수님을 믿었는데, 그 기도의 시간은 52년이었다고 한다. 또 가족이 팀을 이루어 복음을 전하는 것도 좋은 방법이다.

오래전 대부도에 사시는 분이신데 온 가족이 신앙생활을 했으나 알콜 중독자인 남편은 가족모두의 기도제목이었다. 그날 역시 술을 마시고 들어와서는 다 마신 막걸리 병에 쓰고 남은 농약을 아내가 담아둔 것을 술인 줄 알고 잘못 마셔 기독병원 중환자실에 입원하였다. 가망이 없다는 의사의 말에 가족들은 마지막인사를 하려고 모였고 그 자리에 우리교회에 한두 번 참석한 딸이 새벽에 기도를 마치고 나오는 나를 찾아와 아버지께 복음을 전해달라고 했다. 그날 중환자실에서 짧게 예수님을 전하고 기도하고 돌아왔는데 하나님은 그에게 긍휼을 베푸시어 한 달 후에 깨끗이 나아서 퇴원하여 고향으로 돌아가서 신앙생활을 잘 하고 있다는 소식을 그 후에 들었다.

## 4. 성경 말씀의 절대 권위를 믿는 사람

하나님은 약속을 반드시 지키신다. 이사야 55장 10-11절에는 "이는 비와 눈이 하늘로부터 내려서 그리로 되돌아가지 아니하고 땅을 적셔서 소출이 나게 하며 싹이 나게 하여 파종하는 자에게는 종자를 주며 먹는 자에게는 양식을 줌과 같이 내 입에서 나가는 말도 이와 같이 헛되이 내게로 되돌아오지 아니하고 나의 기뻐하는 뜻을 이루며 내가 보낸 일에 형통함이니라" 하셨다.

한 사람이 부모님의 구령을 위해 15년간 기도하던 중 마침내 기회가 와서 그리스도를 전했고, 그분은 복음을 받아들인 후 전도자가 되어 살다가 지금은 하늘나라에 계신다. 그러므로 구령자가 항상 그 마음속에 새겨두어야 할 말씀들이 있다.

"네가 만일 네 입으로 예수를 주로 시인하며 또 하나님께서 그를 죽은 자 가운데서 살리신 것을 네 마음에 믿으면 구원을 받으리라. 사람이 마음으로 믿어 의에 이르고 입으로 시인하여 구원에 이르느니라"(롬10:9-10)

"그러므로 믿음은 들음에서 나며 들음은 그리스도의 말씀으로 말미암았느니라"(롬10:17)

"너희가 거듭난 것은 썩어질 씨로 된 것이 아니요 썩지 아니할 씨로 된 것이니 살아 있고 항상 있는 하나님의 말씀으로 되었느니라"(벧전 1:23)

"죄의 삯은 사망이요 하나님의 은사는 그리스도 예수 우리 주 안에 있는 영생이니라"(롬6:23)

"여호와의 말씀이니라. 내 말이 불같지 아니하냐. 바위를 쳐서 부스러뜨리는 방망이 같지 아니하냐"(렘 23:29)

"하나님이 세상을 이처럼 사랑하사 독생자를 주셨으니 이는 그를 믿는 자마다 멸망하지 않고 영생을 얻게 하려 하심이라"(요3:16)

"영접하는 자 곧 그 이름을 믿는 자들에게는 하나님의 자녀가 되는 권세를 주셨으니"(요1:12)

하나님의 말씀이 아닌 다른 도구를 신뢰하는 구령 자는 실패하게 된다.

## 5. 기도의 능력을 믿는 사람

구령을 성공적으로 잘하기 원한다면 기도의 능력을 믿어야 한다. 하나님께서는 성도의 기도를 존중히 여기신다. 구령자가 특별히 해야 할 네 가지 기도는 다음과 같다.

**1) 구령을 사모하는 사람에게로 인도해 달라고 간구해야 한다.**
우리가 모든 사람을 다 상대할 수 없기 때문이다. 사도행전 8장 29절에 "성령께서 빌립에게 말씀하시기를 가까이 가서 이 마차에 함께 타라 하시더라"는 말씀처럼 성령께서 친히 인도하신 것을 알 수 있다.

**2) 복음을 전할 때 그 사람의 상황에 맞는 적절한 말씀을 달라고 기도해야 한다.**
그 사람들에게 어떤 말씀이 적절한지 성령께서 알고 계시기 때문이다. 바울사도도 에베소 교회 성도들에게 기도를 부탁했다(엡 6:19). 경험이 풍부한 구령 자들은 모두 하나님께서 특별한 말씀을 주신 경험들을 간증한다.

**3) 자신이 전하는 복음에 권세가 나타나길 기도해야 한다.**
구령은 어둠의 권세에서 그 영혼을 구원해 내는 것임으로, 한 사람을 구령하려 하면 많은 방해를 받게 된다. 때로는 전도자의 말을 멸시하거나 논쟁하게 하여 복음을 제대로 전하지 못하게 할 때가 있다. 그럴 때 자신의 지혜로 그 사람을 회심시키려 하지 말고 성령님께 맡기는 기도를 하라 비록 짧은 기도지만 반드시 곤혹스러운 상황에서 벗어나게 해 주시는 기쁨을 경험하게 될 것이다.

**4) 구령 자는 자신이 할 수 있는 것을 다 행한 후 그 일의 성취를 하나님께 맡기는 기도를 최종적으로 해야 한다.**

바쁜 시대에 복음을 쉽고, 짧게 전하려면 기도의 시간이 더 많이 필요하다. 모세와 아론과 훌의 기도가 여호수아와 군사들의 전쟁의 시간을 줄이고, 그 전쟁을 승리로 이끌었다(출17:8-16).

# 제3장 어디서 해야 하나?

## 1. 예배와 부흥집회 후 교회에서

　가장 쉽게 구령을 할 수 있는 장소는 예배와 부흥집회 후 교회이다. 구령자는 설교자가 설교하는 동안 설교를 통해서 양심에 찔림을 받은 사람이 있는지 잘 살펴야 한다. 그런 후 설교로 이미 이루어 놓은 말씀을 중심으로 구령할 때 쉽게 영혼을 구원할 수 있다. 그러나 구령자는 모임에 참석하기 전에 먼저 구령할 사람을 인도해 주실 것을 하나님께 분명하게 기도해야 한다. 그리고 기도의 응답으로 적절한 사람을 찾으면 그에게 가서 전하라. 그러나 만일 그 집회에 상담자를 배치하고 있다면 리더와 상의해야 하고 자신에게 전할 기회가 오지 않는다 할지라도 섭섭하게 생각하지 말고 그 사람을 위해 기도하는 것으로 끝내야 한다.

## 2. 가정

　최적의 구령 장소는 집이다. 거라사인 지방의 한 무덤에서 군대 귀신 들린 자가 예수님에 의해 치유되었을 때 그는 예수님을 따르길 원했지만 예수님께서는 마가복음 5장 19절에 "집으로 돌아가 주께서 네게 어떻게 큰일을 행하사 너를 불쌍히 여기신 것을 네 가족에게 알리라"고 하셨다. 회심한 사람들은 무엇보다도 자기 가정에서 먼저 그리스도의 복음을 말해야 한다. 가정에 어린 자녀들을 둔 많은 어머니들은 가끔 자녀 때문에 그리스도를 위해 일하지 못함을 한탄하는데 그때가 다른 사람들보다 자신의 가정을 위해 기도, 전도, 양육 할 때라는 것을 잊지 말기를 바란다(신6:2-9). 유명한 전도자들은 대부분 어렸을 때 예수님을 믿은 것을 볼 수 있다. 인도선교사 에이미 카마이클은 3세에 네덜란드의 코리텐붐선교사 5세에 말라위선교사인 리빙스턴은 8세에 구원받았다고 한다. 그렇다고 구령사역을 자신의 가정에 제한시키는 것은 안 된다. 왜냐하면 성령님은 당신을 더 많은 사람에게 보내고 싶어 하시기 때문이다(행1:8)

## 3. 길과 자동차 안에서

예수님은 길을 걸으면서 말씀을 바르게 깨닫지 못하여 고향 엠마오로 가는 두 제자에게 십자가와 부활에 대한 말씀들을 깨우쳐 사명의 길로 다시 올라가게 하셨다(눅 24:32). 필자는 다른 사람의 차를 같이 타고 갈 때 복음을 전하여 구령으로 인도한 경험이 몇 차례 있다.

바울은 "회당 뿐 아니라 시장터"에서 날마다 사람들과 토론을 벌여 복음을 전했다(행 17:17).

## 4. 공원

공원을 산책하거나 의자에 앉아있을 때 적당한 상대를 찾아 전도지나 말씀을 사용해서 그 말씀을 상대에게 읽어보게 하거나 말하여 주고 상대방의 의견을 물음으로 복음적 대화로 이끌 수 있다.

## 5. 직장과 사업장

일하는 사람을 방해하거나, 상대방의 기분이 상해있을 때 복음을 전할 사명을 가졌다는 이유만으로 밀어붙이듯이 하는 것은 좋지 않다. 그러나 만일 성령께서 어떤 사람에 대한 성령의 감동이 있다면 그 시간에 반드시 해야 한다.

어떤 사람은 식당에 일하는 사람에게 복음을 전하라는 성령의 강한 영감을 주었다. 그러나 너무 바쁜 중에 있는 그 사람에게 말 하는 것이 실례인 것 같아 전하지 못하고 식사만 하고 그 곳을 떠나갔다. 계속 걸으면서 불편한 마음이 들어, 식당으로 돌아가서 그 사람을 만나려고 했다. 그러자 주인이 하는 말이 손님이 나간 후, 그 사람은 바로 위층에 올라가서 영영 돌아올 수 없는 곳으로 갔다고 말했다고 한다.

## 6. 여행하는 장소

자동차, 기차, 배, 비행기 등으로 여행을 할 때도 복음을 전할 수 있는 좋은 기회를 얻을 수 있다. 대개 여행객들은 오랜 시간을 버티면서 목적지를 가고 있기 때문에 다른 사람과 대화하고 싶어 한다. 그 때 마음속에 늘 불타는 구령의 열정을 가진 성령 충만한 전도자가 거기에 있다면 다양한 직업에 종사하는 많은 사람들이 그를 통해 그리스도를 만나게 될 것이다.

## 7. 공공장소에서

개인구령하기 적절한 장소로 교도소나 병원 그 밖에 공공장소가 있다. 그곳은 많은 사람들이 모여 아침부터 저녁까지 함께 있는 시간을 보내고 있기 때문에 대화하기가 보다 쉽다. 나라 전역에 헌신된 남녀들이 교도소나 병원을 방문해서 구원의 기쁜 소식을 전함으로써 불가능하게 여기던 수천수만의 생명이 하나님께로 회심하여 돌아오고 있다. 그 밖에도 구령의 기회를 얻을 수 있는 장소는 많다. 성경은 초대교회 때 "널리 흩어진 사람들이 가는 곳마다 복음을 전하더라"(행 8:4)고 했고 그 결과 곳곳에 교회가 세워졌다.

# 제4장 복음의 핵심을 전하는 법

　개인구령에서 가장 어려운 것은 처음 시작이다. 일단 시작하면 계속 진행하는 것은 비교적 쉽다. 어떻게 복음의 핵심을 전하여 구원으로 인도할 수 있을까?

## 1. 대화로 먼저 영적진단을 하라

　1) 영적 상태를 진단하는 직접적인 질문은
　"구원받으셨습니까?"
　"그리스도인이세요?"
　"매주 말씀에 은혜받고 있습니까?"
　"최근 신앙생활 중에 궁금한 말씀이 있습니까?" 라는 질문들을 통해 영적 상태를 진단할 수 있다.

　2) 일반적인에 질문은
　"인생이 살 만한 가치가 있다고 생각하십니까?", "행복을 얻는 커다란 비밀을 아십니까?" 이런 대화를 시작하는 목적은 항상 그 사람의 영적인 진단에 목적이 있음을 잊지 말아야 한다. 그렇지 않으면 계속 세상적인 대화만 하다가 끝나고 말게 된다.

상대방에게 성경이나 전도지를 읽어주거나 스스로 읽게 하고 읽은 전도지나 성경말씀을 어떻게 생각하는지에 대한 질문으로 대화를 시작하는 것은 초점을 잃지 않는 최상의 방법 중 하나다.

## 2. 세속적인 대화에서 복음적 대화로 전환하라

복음을 전하기 위해 만난 사람에게 어려운 것은 진단을 잘 했다하더라도 다음 단계인 그의 영적 수준에 맞는 대화로 전환하는 것이다. 이때 "사마리아여인과 예수님과의 대화"를 늘 기억하는 것이 좋다. 예수님은 신앙과는 거리가 먼 일반적인 대화로 시작해서 복음의 핵심으로 전환하여 말씀하셨다. 사마리아 여인에게 목마른 사람처럼 물을 달라는 부탁으로 시작하셨다(요 4:7). 이에 그 여인이 반응을 보이자 곧 대화를 계속하는 중에 영적으로 이끌어 생수인 복음을 전하심으로 그녀를 구원하셨다.

## 3. 복음의 핵심을 제시하고 구원받도록 도우라

복음의 핵심과 관련구절을 수십 혹은 수백 번이라도 완전히 외워질 때까지 반복하는 것이 좋다. 그래야 자유롭게 활용하여 쓸 수 있다.

1) 하나님께서 당신을 사랑하십니다.

"하나님이 세상을 이처럼 사랑하사 독생자를 주셨으니 이는 그를 믿는 자마다 멸망하지 않고 영생을 얻게 하려 하심이라"(요 3:16)

그런데 사람들이 영생을 얻지 못하는 이유는 무엇입니까?

2) 인간에게 죄가 있기 때문입니다.

"모든 사람이 죄를 범하였으매 하나님의 영광에 이르지 못하더니"(롬 3:23)

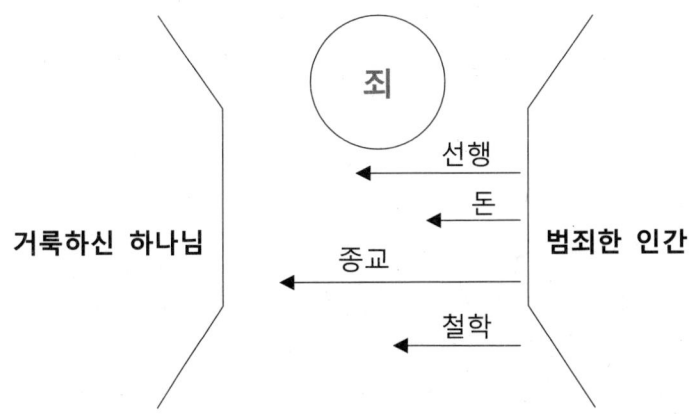

"오직 너희 죄악이 너희와 너희 하나님 사이를 갈라놓았고 너희 죄가 그의 얼굴을 가리어서 너희에게서 듣지 않으시게 함이니라"(사 59:2)

처음 인간은 하나님과 사귐이 있었으나 인간이 죄를 짓고 난 후에는 하나님과의 사귐은 끊어지고 인간의 삶에는 결코 만족함이 없게 되었습니다.

그리하여 인간은 자신의 무의미한 삶을 회복하기 위하여 노력하지만 죄의 삯은 죽어야하기 때문에(롬 6:23) 어떤 방법으로도 하나님께 가까이 갈 수 없습니다. 그러면 길은 무엇입니까?

### 3) 예수 그리스도만이 유일한 해결책입니다.

죄 없으신 예수님께서 당신의 죄 때문에 십자가에서 심판을 받으시고 당신의 죄의 값을 지불하시고 3일만에 부활하셔서 새롭고 산길인 다리를 만드셨습니다.

> "예수께서 이르시되 내가 곧 길이요 진리요 생명이니 나로 말미암지 않고는 아무도 아버지께로 올 자가 없느니라" (요 14:6)

> "우리가 아직 죄인 되었을 때에 그리스도께서 우리를 위하여 죽으심으로 하나님께서 우리에 대한 자기의 사랑을 확증하셨느니라" (롬 5:8)

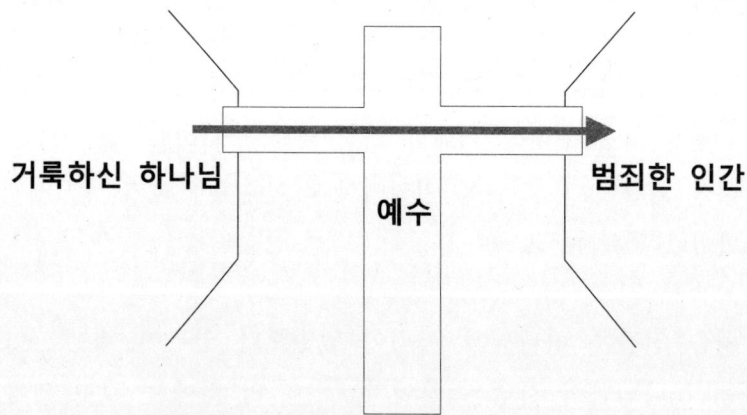

이제 당신의 결정만이 남았습니다.

4) 예수 그리스도를 믿고 영접하십시오.

　모든 인간은 죄인이며 또 죄의 길에서 돌아서야 합니다. 그것은 죄의 문제를 해결에 놓으신 예수 그리스도를 믿음으로 받아들이면 됩니다.

"볼지어다. 내가 문 밖에 서서 두드리노니 누구든지 내 음성을 듣고 문을 열면 내가 그에게로 들어가 그와 더불어 먹고 그는 나와 더불어 먹으리라"(계 3:20)

"영접하는 자 곧 그 이름을 믿는 자들에게는 하나님의 자녀가 되는 권세를 주셨으니"(요 1:12)

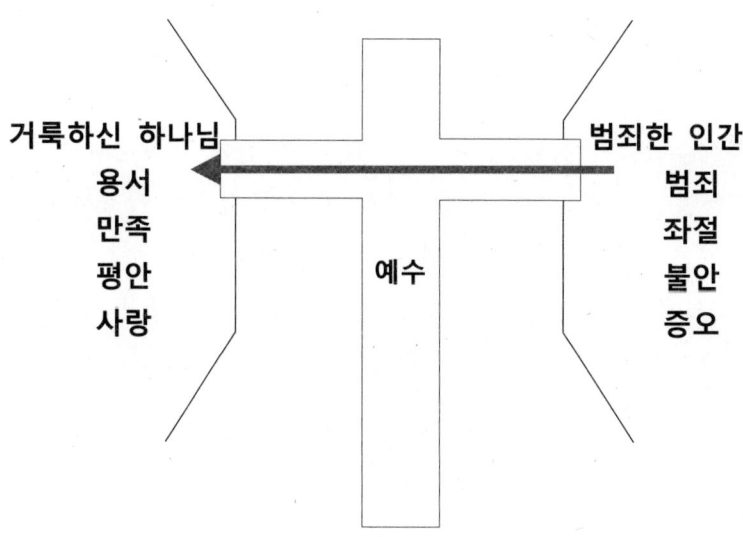

　위 도표처럼 죄의 길에서 예수님을 통해 하나님께로 나아가셔야 합니다.

지금 이 순간 기도로 예수그리스도를 당신의 주님으로 영접하십시오.

"네가 만일 네 입으로 예수를 주로 시인하며 또 하나님께서 그를 죽은 자 가운데서 살리신 것을 네 마음에 믿으면 구원을 받으리라 사람이 마음으로 믿어 의에 이르고 입으로 시인하여 구원에 이르느니라"(롬 10:9-10)

예수 그리스도를 구세주로 믿고 영접하시겠습니까? 믿고 영접하는 길은 기도로 합니다. 당신이 진심으로 기도하면 하나님은 약속대로 당신의 죄를 사하시고 자녀로 받아 주십니다.

기도는 이렇게 하면 됩니다.
**기도** : 하나님 저는 죄인입니다. 저의 죄를 위해 죽으시고 부활하신 예수님을 마음에 모셔 들입니다. 제 안에 들어오셔서 저의 죄와 허물을 사해주시고 저를 자녀로 받아 주시옵소서(잠시 멈춘 후) 저의 죄를 사해주시고 자녀로 받아주신 것을 감사합니다. 이제부터 제 평생 주님만 모시고 살겠습니다. 인도해 주시옵소서. 존귀하신 예수 그리스도의 이름으로 기도합니다. 아멘.

## 4. 영접 후 그의 죄가 용서되었음을 성경을 통해 알게 해주라.

축하드립니다.
예수님을 진심으로 영접하신 당신은 하나님의 자녀가 되셨습니다.

"영접하는 자 곧 그 이름을 믿는 자들에게는 하나님의 자녀가 되는 권세를 주셨으니" (요 1:12)

"내가 진실로 진실로 너희에게 이르노니 내 말을 듣고 또 나 보내신 이를 믿는 자는 영생을 얻었고 심판에 이르지 아니하나니 사망에서 생명으로 옮겼느니라" (요 5:24)

"그런즉 누구든지 그리스도 안에 있으면 새로운 피조물이라 이전 것은 지나갔으니 보라 새 것이 되었도다" (고후 5:17)

"우리는 그리스도 안에서 그의 은혜의 풍성함을 따라 그의 피로 말미암아 속량 곧 죄 사함을 받았느니라" (엡 1:7)

"너희는 그 은혜에 의하여 믿음으로 말미암아 구원을 받았으니 이것은 너희에게서 난 것이 아니요 하나님의 선물이라. 행위에서 난 것이 아니니 이는 누구든지 자랑하지 못하게 함이라. 우리는 그가 만드신 바라 그리스도 예수 안에서 선한 일을 위하여 지으심을 받은 자니 이 일은 하나님이 전에 예비하사 우리로 그 가운데서 행하게 하려 하심이니라" (엡2:8-10)

## 5. 사람의 유형

### 1) 자연인

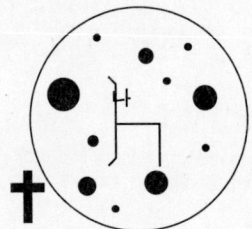

- 내가주인
- 하나님를 믿지 아니함
- 자기중심
- 욕심, 교만
- 자랑함

### 2) 거듭난 사람

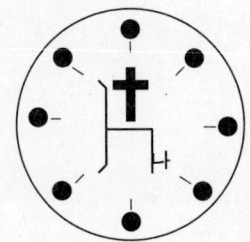

- 기쁨과 감격
- 찬송과 헌신
- 예배를 사모함
- 예수님을 구주로 받아들임.
- 남을 돕고자 하는 긍휼의 마음

### 3) 육신적 사람

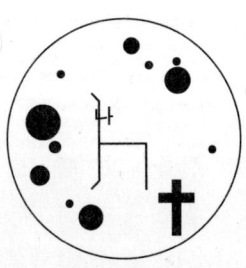

- 불순종, 원망불평
- 율법적
- 더러운생각
- 시기심
- 근심걱정, 비판적
- 성경말씀 읽기와 기도를 게을리함
- 간증과 봉사를 중단함

### 4) 성령충만한 사람

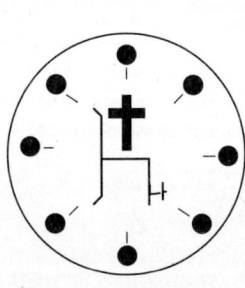

- 하나님 신뢰
- 하나님께 순종
- 성경말씀을 사랑함
- 이웃을 긍휼이 여김
- 성령충만
- 겸손히 전도하는 사람
- 봉사의 삶을 살고 감사와 찬송하고 기도의 삶을 삶

# 제5장 전도지를 통한 사역

우리나라가 전도에 열심일 때 많은 교회와 성도들이 전도지를 사용하여 전도했다. 그때는 길거리에서 전도지를 보기가 쉬웠다. 그러나 언젠가부터 환경미화원들이 귀찮아하는 쓰레기라 하여 도로에서 전도지 나누는 것을 제한하고 그것이 사회질서에 반한다 하여 전도를 멸시하는 사람들 소리가 더 힘을 얻어서 거리에 전도지가 잘 보이지 않게 되었다. 나는 그것이 전도지의 위력을 두려워하는 사탄의 전략에 속아 넘어지고 만 것이라 생각한다.

그러나 전도지 사역의 위력은 여전히 다른 구령 사역 못지않게 많은 이점을 가지고 있다.

## 1. 전도지 사역의 특징

1) 누구나 할 수 있다.

다른 사람에게 전도지를 나눠주는 일은 누구나 할 수 있다. 어떤 일이든지 다른 사람들보다 더 잘하는 사람이 있듯이 이 사역 역시 그러하다. 이 사역은 모든 남자나 여자, 노인, 장애인 그리고 아이들도 할 수 있는 사역이다.

### 2) 항상 복음의 핵심을 전할 수 있다.

모든 사역이 복음의 핵심을 잘 전하기 원하지만 누군가에게 말을 하다보면 여러 가지 이유로 잘 전하지 못할 때가 많다. 그러나 전도지는 그렇지 않다.

### 3) 이성을 잃는 법이 없다.

말로 전하다보면 때로 감정이 상하고 이성을 잃을 때가 있다. 아주 경험 많은 사역자라 할지라도 사탄이 강하게 공격하면 넘어질 수가 있다. 그러나 전도지를 전 할 때는 그런 공격을 피할 수 있다.

### 4) 대인관계가 좋지 않거나, 바쁜 사람에게도 할 수 있다.

사람들 중에는 대인관계가 쉽지 않은 사람들이 있다. 사람과의 만남이나 대화가 어려운 사람에게 말로 하는 것보다 탁자 위에 전도지를 남겨두고 가면 조용한 시간에 혼자 읽고, 그 읽은 전도지를 통해 복음을 접하게 되고 구원 받을 수가 있다.

### 5) 전도지는 받은 사람과 계속 함께 머문다.

말로 전도할 때 갑자기 일이 생기면 이야기를 하다가도 사람이 가 버릴 수 있다. 그러나 전도지는 그 사람과 함께 계속 머문다.

교회를 개척하고 전도할 때 사람이 자주 다니는 다리 위에서 전도지를 나눠주었다. 새로 산 신발이 맞지 않았던 한 사람이 그 전도지를 받아 신발 뒤축에 끼우고 차에 타고 집으로 가서 신발을 벗고 그 전도지를 읽었다고 한다. 그 다음주일에 교회로 찾아 와서 자신이 어떻게 교회에 나오게 되었는지를 말하고 함께 신앙생활을 하게 되었다.

### 6) 전도지를 통해 사람들이 하나님의 사랑을 만나게 된다.

병든 한 소녀가 예수님을 믿고 구원 받은 후 "하나님은 당신을 사랑합니다."라는 문구와 요3:16절을 적어 종이비행기를 만들어 하루에 수십 장씩 창문을 통해 날려 보냈다. 어느 날 늦은 밤 한강다리 가까이 한 젊은이가 인생을 마감하려고 서있는데 흰 종이비행기가 발 앞에 날아왔다. 그것을 보고 자신이 한 번도 들어보지 못한 "하나님의 사랑"을 읽고 교회로 찾아가 생을 다시 시작했고 그는 하나님의 사랑에 감격하여 신학을 공부해 목사가 되었다. 그리고 간증하길 자신은 종이비행기 전도지로 구원 받은 사람이라고 했다.

### 7) 전도지 사역은 성도들을 구령의 사람으로 인도한다.

전도지 사역이 구원 받지 않은 사람들만 그리스도께로 인도하는 것이라고 생각하면 큰 오산이다.

어떤 사람이 교회에서 복음 전도지를 읽다가 그의 삶이 완전히 바뀌었다. 그 전도지 내용은 "내가 오늘 밤 죽으면 나는 어디로 가게 될까?"라는 내용이었다. 그는 그것을 읽고 가족과 친구들에게 복음을 전하게 되었다고 한다.

전도지는 영혼구령에 관심이 없는 성도나 전도에 두려움을 가진 성도에게 힘을 내어 전도하게 하는 도구가 된다.

### 8) 전해지고 있는 많은 잘못된 성경지식의 오류를 바로 잡을 수 있다.

우리가 살고 있는 이 시대는 온통 잘못된 정보로 가득한 세상이다.

개인구령을 하면서 이런 오류를 모두 잡아 줄 수는 없다. 그렇지만 우리보다 더 훌륭하게 이 문제를 처리할 수 있는 것은 전도지 한 장으로도 될 때가 있다.

만일 당신이 개인적으로 잘못된 진리를 믿는 이단을 만나서 바로 잡으려 한다면 토론에 휘말리게 될 것이다. 전도지는 그런 토론에 휘말릴 필요가 없다. 오류 속에 있는 사람이 전도지에 대고 말을 되받아 칠 수는 없기 때문이다.

예를 들어 안식교나 신천지에 빠진 사람을 어둠속에서 빛 가운데로 인도하는데 얼마나 많은 시간이 걸릴지 모른다. 그러나 그들이 믿고 있는 잘못된 거짓진리의 속박에서 그리스도의 복음으로 인도하는 데에는 하나님께서 쓰시는 전도지 한 장이면 될 수 있다.

## 2. 누가 전도지를 사용해야 하나

### 1) 복음을 전하는 사역자

사역자들은 목회를 하면서 전도지를 지속적으로 사용해야 한다. 뉴욕의 저드슨 목사는 심방갈 때 가족 구성원들을 위해 전도지를 준비하되 특히 어린이들에게 맞는 전도지들도 골라 주머니에 넣고 갔다고 한다. 또 주일에는 예배가 끝난 후 성도들로 하여금 사람들에게 전해줄 적절한 전도지를 나누어 주고 교회를 중심으로 사방 반마일 내에 살고 있는 모든 사람들에게 그들의 신념이나 종교에 상관없이 전도지를 나누게 했다고 한다. 어느 주일에는 한 번에 만 장의 전도지를 배포하기도 했는데 그 결과 많은 열매를 맺었다고 한다.

## 2) 가르치는 교사

① 교회학교 교사 - 교회학교 교사들도 자신이 가르치는 학생들에게 줄 전도지를 기도 중에 준비하여 나누어주어야 한다. 이런 식으로 하면 전도지 사역을 통해 많은 사람들에게 복음을 전할 수 있다.

② 학교교사 - 학교의 교사들이 자신이 가르치는 학생들과 학교에서 많은 대화를 나누기는 어렵다. 우리나라는 공립학교에서 복음전하는 일을 전면적으로 금지하고 있지만 현명한 교사라면 간단한 메모와 함께 학생들과 그 가정환경에 맞는 전도지들을 학생들에게 나누어 줄 수 있다.

③ 학원교사 - 교사들 중 학원교사들이 자신이 가르치는 학생들에게 복음을 전할 수 있는 기회가 축복이라 생각한다. 왜냐하면 교회학교교사에게서는 간혹 반감이 들 수 있고, 학교교사들은 공교육에서 복음을 전할 수 없는 상황이라 전하고 싶어도 공개적으로 전할 수 없지만 학원에 오는 학생들에게는 그들의 고민을 들어주거나 학업을 도와주다가 자연스럽게 복음을 전할 수 있기 때문이다.

## 3) 여행하는 사람

여행하는 사람들도 전도지 사역을 할 수 있는 귀한 기회를 얻게 된다.

이들은 다른 사람들과 계속해서 접촉하면서 그들의 필요를 채워줄 수 있다. 잘 선택한 전도지를 가지고 다니는 그리스도인들은 수많은 사람에게 복음을 전할 수 있다.

### 4) 직장인과 사업가

사업가들은 사업상 만나는 사람들에게 전도지를 사용 할 수 있다. 직장인들 역시 업무상 만나는 이들에게 전도지로 구령 할 수 있다.

스텐리 탬(R. Stanley Tam)은 물건을 산 사람들에게 영수증을 붙일 때 전도지를 넣어 보냄으로 많은 사람을 구령했다 한다. 그러므로 수많은 사업가들이 사업상 보내는 우편물이나 편지에 전도지를 끼워 보내 구령할 수 있다.

### 5) 가정주부

구령사역에 열정이 있는 주부라면 모든 종류의 전도지를 항상 응접실이나 식탁위에 두고 자신의 집을 찾는 이들에게 혹은 시장을 보러 나갈 때 슈퍼마켓이나 식료품점에서 만나는 이들에게 나누어 줄 수 있다.

## 3. 전도지를 효과적으로 사용하는 법

### 1) 대화를 시작하는 도구로 쓰라

복음을 효과적으로 전하는 일은 쉽지 않다. 처음 만난 사람과 대화를 일단 시작하면 쉬워진다. 그렇다 할지라도 대화 중 영적인 대화로 전환하는 것은 쉽지 않을 수 있다.

그 때 가장 쉬우면서도 간단한 방법은 그 사람 손에 전도지를 쥐어 주고 전도지를 읽어 보게 하는 것이다.

### 2) 대화를 끝내고 헤어지기 전에 전도지를 사용하라.

일반적으로 어떤 사람과 대화를 끝마칠 때 가지고 가서 읽을 만한 전도지를 주면 좋다. 그때 그 사람이 그리스도를 영접했으면, 성공적인 그리스도인 생활을 위한 전도지를, 그리스도를 영접하지 않은 사람에게는 복음적인 전도지를 그리고 시험이나 환난 중에 있다면 적절한 다른 전도지를 주라.

### 3) 대화가 불가능할 때 전도지를 사용하라.

어느 날 밤 부흥 집회에 참석한 한 집사님에게 집회에 참석한 한 남자가 자기 아내가 복음에 관심이 있음을 말하고 도움을 요청했다. 그녀를 보니 울고 있었는데 말을 해보려 했지만 서툰 영어로 대화가 어려웠다고 한다. 그녀는 그날 밤 설교는 단 한마디도 알아듣지 못했지만 성령하나님께서 그녀의 마음에 감동을 주셔서 울게 했던 것이었다. 영어로 복음을 전하지는 못했지만 교회에 준비되어 있던 영어로 된 전도지를 주고 그 부부와 그전도지를 위해 기도하고 헤어졌다고 한다.

### 4) 멀리 있는 사람들에게 전도지를 보내라.

가족 친지나 친구에게 전도지를 보내주라. 마음만 먹으면 지구 끝까지라도 보낼 수 있다. 특히 설교를 듣지 못하는 지역에 사는 사람들에게 보내는 것이 좋다.

우리가 아는 사람들 중에는 일 년에 복음에 대해서 단 한 번의 설교나 전도지를 받아 보지 못하며 사는 사람들이 수천 명이 된다. 그들에게 작은 선물이나 편지와 함께 복음이 담긴 전도지를 보낼 수 있다. 그리하면 전도지가 당신을 대신해서 복음을 전해 줄 것이다.

## 4. 전도지를 사용할 때 주의 할 점

### 1) 전도지의 내용이 복음적인지 읽어보라.

오늘날에는 잘못된 교리의 전도지들이 넘쳐나고 있다. 그러므로 자신이 주려는 전도지가 옳은 교리와 복음적인지를 확인하고 또 전해야 할 사람에게 맞는지를 알기 위해 먼저 그 전도지를 읽어봐야 한다. 어떤 전도지는 유익보다는 오히려 해가 될 수 있기 때문이다.

### 2) 상대방에게 맞는 전도지를 주기 위해 기도하라.

어떤 사람에게는 유용한 전도지가 다른 사람에게는 해가 될 수도 있다.

구원이 필요한 사람, 용기가 필요한 사람, 소망이 필요한 사람, 성장이 필요한 사람 등 그 사람에게 맞는 전도지를 선택해서 주어야 한다.

### 3) 전도지를 줄 사람에게 인도해 주시길 기도하라.

전도하러 밖에 나가기 전에 하나님께 오늘 자신의 전도지를 받을 사람에게로 인도해주시길 기도하고 나가라. 기도하면서 영감을 주는 전도지를 선택하는 것과 또 그 전도지를 받을 사람을 위해 기도하면 하나님은 때로 분명한 마음을 주실 때가 있다. 그러나 그렇지 않을 때는 자신의 마음이 이끄는 대로 정해서 전도지를 주라. 그리하면 전도지를 효과적으로 사용할 뿐 아니라 하나님께서 역사하시는 것을 경험하게 될 것이다.

4) 아무에게나 주지 말고 하나님께 인도하심을 구하고 주라.

인간의 어떤 지혜도 성령 하나님의 지혜보다 클 수 없다. 전도지를 선택하고 배포할 때, 어떤 사람들은 무조건 많이 나눠주는 것에만 초점을 두는 사람이 있다. 그것은 전도지를 꼭 필요한 사람에게 주기 위해 기도한 것과는 맞지 않은 행동이다. 그러므로 전도지를 주면서도 전도지를 축복해 달라고 기도하면서 주어야 한다.

필자가 기도 중에 나눈 전도지 한 장이 남편을 잃고 낙심 중에 있었던 여인에게 전해졌다. 그녀는 전도지를 받고서는 읽고 싶지 않아 TV위에 두었는데 그 위에 있는 전도지가 밤중에 보니 빛이 났다고 한다. 그러나 무시하고 TV를 보다가 잠이 들었고, 밤중에 다시 일어났을 때 그녀는 전도지를 읽고 그 밤에 예수님을 믿기로 결심하고 교회에 출석하였다. 그 후 신학을 공부하고 필자의 교회에 전도사가 되어 사역하다가 지금은 다른 교회에서 사역하고 있다.

5) 중요한 단어나 문장에 밑줄을 그어서 주라

사람은 호기심이 많아서, 밑줄 쳐진 부분을 특히 주의해서 본다. 집이나 사무실에 전도지를 비치해 둘 때 전도지의 중요한 부분에 특별한 표시를 해두면 그 집을 방문 한 사람이나 사무실에 들어오는 사람이 그것을 보고 읽을 수 있기 때문이다. 내가 아는 어떤 사람은 친구의 집을 방문했다가 그 집 방문 위에 적어 놓은 성경말씀을 읽고 신앙생활을 다시 시작한 사람도 있다.

6) 전도지를 귀하고 가치 있게 대하라.

왜 많은 전도지가 길거리 쓰레기가 될까?

필자는 몇 가지 이유가 있다고 본다.

첫째, 전도지를 나누어 줄 때 많은 사람들이 그 전도지를 충분한 기도 없이 나눠주기 때문이다.(전도지를 받을 마음이 없는 사람)

둘째, 전도지 내용이 자신의 상황에 맞지 않다고 생각하거나 다른 누군가에게 주고 싶은 마음도 가치도 없다고 생각하기 때문에 버리게 된다고 생각한다.(다른 종교를 믿거나 때가 아닌 사람)

앞에서 전도지를 줄 때 받을 사람을 위해서 또 전도지를 선택할 때 기도하는 이유가 자신이 사용하는 전도지가 쓰레기가 되지 않게 하기 위해서이기도 하다.

우리나라에 종이가 귀한 시절 나누어준 쪽 복음을 화장지로 쓰거나 찢어진 방의 벽지나 문종이로 쓴 일이 있었다. 그것을 화장실에서 읽다가, 방에서 밥을 먹다가, 자고 일어나서 붙어 있는 성경을 읽다가 구원받았다는 선교사의 보고를 읽은 일이 있다. 그러므로 전도지를 사용하는 사람이 먼저 그 전도지를 귀하게 여기는 마음을 가져야 한다.

7) 컴퓨터나 SNS, 스마트폰을 사용하여 전도 사역을 해보라

최근에는 유튜브나 인터넷을 사용하여 문자나 말로 의사를 전달 할 때가 많다. 그러므로 복음적인 전도지를 정기적으로 올려서 복음을 전하는 것도 좋은 문서 전도가 될 수 있다. 또 자신의 간증을 글로 올려서 복음을 전할 수 있다. 마치 설교자들이 설교를 올려놓은 것처럼 할 수 있다.

# 제6장 가정심방을 통한 사역

## 1. 심방을 통한 구령

1) 예수님과 사도들도 가정을 방문하여 복음을 전하셨다.

사도 바울은 에베소에서 유대인과 헬라인들에게 복음을 전할 때 가정을 방문하거나 초대받은 가정에 머물면서 복음을 전했다(행 20:17-35). 이것은 예수님께서 하신 방법으로 예수님을 보려고 돌 무화과나무 위에 올라간 삭개오에게 오셨다. 예수님께서는 누가복음 19장 5절에서 "삭개오야 속히 내려오라 내가 오늘 네 집에 유하여야 하겠다"(눅19:5) 말씀하시고, 그 집에 유하시며 그를 구원하셨다.

어떤 사람은 이 사역을 가볍게 여기지만 최고의 설교자이신 예수님과 베드로, 바울 등 초대교회 대부분의 전도자들이 가정 사역을 통해 복음을 전하셨다.

2) 예수님은 중요한 부활을 나사로의 가정을 통해 가르치셨다.

예수님은 가장 중요한 교리인 십자가의 죽으심과 부활을 평소에 자주 가시던 가정인 베다니에 있는 나사로와 마리아의 집에서 가르치셨다.

교회가 없는 도시나 시골 지역 사람들에게 복음을 전하기 위해 접근하는 가장 좋은 방법 중 하나가 그들의 가정을 찾아가는 것이다.

### 3) 다른 방법으로 접근할 수 없는 사람들을 가정을 통해 만날 수 있다.

전도 집회나 어떤 복음적인 모임에 한 번도 참석한 적이 없는 사람들도 어딘가에서 살고 있다. 집집마다 복음을 가지고 방문한다면 그 사람들과도 접촉할 수 있다. 이들은 어떤 방법으로도 쉽게 접근할 수 없는 특별한 부류의 사람들로 예를 들면 과중한 가사 노동으로 집을 전혀 비울 수 없는 사람, 투병 중에 있는 사람, 장애인, 특수한 일로 집을 떠날 수 없는 사람들이다. 집집마다 방문하다 보면 그런 사람들에게 복음을 전하여 구령할 수 있다(재가복지나 요양방문서비스를 통한 복음전파).

### 4) 가정방문은 그들의 삶에 맞게 복음을 전할 수 있다.

보통은 사람들의 집으로 들어가기 전에는 결코 그들의 삶을 알 수 없다. 주일날 옷을 잘 차려입은 사람들을 교회에서 보지만 월요일에 그들의 집에 가서 대화 하면서 그가 하는 일을 보면 그들의 욕구와 형편에 맞는 말씀을 전할 수 있게 된다.

### 5) 사람들은 가정에서 마음을 좀 더 쉽게 연다.

사람들은 자기 집에서는 편안하게 마음을 연다. 상담실이나 전도 집회 같은 곳에서는 격식을 차리게 되고 좀처럼 진솔하게 마음을 열지 않는 사람도 그들의 집에 가면 모든 것을 벗어 던지고 자유롭게 마음을 열고 말한다. 그러므로 가정에 가보지 않고서는 그들의 마음을 안다고 말하기가 쉽지 않다.

천명의 사람들에게 매주 설교한 사역자보다 가정심방사역이 훨씬 더 효과적인 사역의 열매를 얻게 될 때가 있다는 것을 생각하고 반드시 가정 심방사역을 계획하라.

## 2. 심방사역을 하는 방법

### 1) 조직적으로 하라

모든 일은 조직적으로 계획을 세우고 행할 때 가장 많은 열매를 거둘 수 있다. 부족한 계획일지라도 실행 전에 계획이 있는 것이 계획이 없는 것보다 효과가 훨씬 크다는 것을 잊지 말라.

### 2) 지역 중심으로 계획하여 방문하라(속회, 구역)

효과적인 방문을 위해 속회나 구역을 통해 지역별로 방문하는 것을 말한다. 이것은 시골에서 목회를 하고 있다면 더 잘 맞는 방법이다. 여러 교회들이 운집해 있는 도시에서는 자기 교회 사람들만 챙기기 마련이지만 자신의 양무리에 속하지 않는 사람들을 방문하는 것을 지나치게 민감하게 생각해서는 안 된다. 누군가를 소홀하게 대하는 것보다는 목회 윤리에 어긋나지 않는 범위 안에서 다른 교회에 출석하더라도 방문함으로써 관심을 보이는 것이 더 낫다. 그 주위에 여러분이 출석하는 교회밖에 없다면 그 지역에 살고 있는 모든 사람을 방문해야 한다. 그렇게 하려면 시간이 많이 걸릴 것이다. 그러나 목회자로서 설교를 잘 하려고 한다면 이 사역은 필수적이다.

### 3) 정기적으로 가정을 방문하라.

특정 지역에서는 모든 가정을 정기적으로 방문해야 할 때가 있다. 가가호호를 방문 하다보면 정기적으로 방문해야 할 가정이 있다는 것을 알게 된다. 그러나 어떤 가정에 대해서 방문할 필요가 없다고 쉽게 속단하는 경우를 보게 될 때가 있는데, 예를 들어 불교나 가톨릭에 나가는 집이므로 방문해 봐야 소용없다고 미리 결론을 내리는 경우이다. 그러나 경험이 많은 사람이라면 누구도 "위로나 격려 그리고 복음이 필요하지 않는 가정"은 없다는 것을 알 것이다.

### 4) 기록을 남기라

다음 심방을 위해 기록을 남기는 것이 중요하다. 그 가정을 다시 심방 할때 이전 심방의 기록을 보면 계획하기가 쉽다. 또 그 사람을 위해 기도하기도 좋고 다시 만났을 때 대화하기도 쉽다. 그러므로 각 가정들의 사는 위치와 방문한 날짜 그리고 방문 결과를 정확하게 기록하라. 방문 지역이 넓은 경우에는 심방 카드를 만드는 것도 좋다(병원기록카드 참고).

### 5) 가정 심방 사역 전후에 항상 기도하는 것을 잊지 말라.

지혜가 더 많이 필요한 사역이 있다면 그것은 바로 가가호호 방문사역이다. 왜냐하면 하나님은 그들의 필요한 것들을 잘 알고 계시기 때문이다. 그러므로 방문한 가정들을 위해 항상 기도하라.

### 6) 자신을 소개할 때 상대가 신뢰할 수 있도록 하라.

사람들의 가정으로 들어간다는 것은 많은 지혜가 필요하다. 처음부터 종교적인 목적으로 방문할 수도 있지만 단순히 그 가정의 필요를 채워주기 위한 방문도 많다. 그러므로 그 때 사람들의 신뢰를 얻도록 하기 위해 예의 바르게 행동하고 상대방의 무례함이나 거부감에 너무 기분 나빠하지 않는 것이 좋다. 어떠한 모욕적인 언사를 퍼붓더라도 그저 흘려보내라. 그의 행동이 당신이 무엇을 잘못해서 하는 것이 아니라 영적인 공격일 때가 많기 때문이다. 그리고 당신이 그 집을 방문한 목적이 자신의 이익이나 자신의 감정을 좋게 하기 위해 그곳에 간 것이 아니라, 복음을 전하기 위한 목적으로 간 것임을 잊지 말라.

### 7) 가정에서 심방할 때 가능한 빨리 성경을 펴라

예배나 구령을 목적으로 심방했다면 세속적인 이야기에 너무 많은 시간을 보내서는 안 된다. 간단한 인사와 기도제목을 물어 본 후 바로 기도나 예배를 드리는 것이 좋다. 그리고 구령을 목적으로 갔을 때도 할 수 있으면 빨리 말씀을 펴서 읽는 것이 좋다.

## 3. 심방사역의 목적

이제까지 심방은 구령사역에다 초점을 맞추었다. 그러나 목회에서의 심방은 다양한 이유로 하게 된다. 질병이나 사고, 이사, 진급, 출산등과 같은 애경사로 인한 심방을 비롯하여 예배에 출석하지 않는 성도나 질병 혹은 여러 가지 염려, 근심, 불만, 이별, 사별 등 이 모든 것을 요약해 보면 예수님께서 하신 것처럼 세 가지 목적의 범주로 요약할 수 있다.

### 1) 가족의 구령을 위한 심방

예수님은 삭개오의 가정을 구원하기 위해 그 가정을 방문하여 그를 구원하셨다(눅19:5)

목회 초기에 한 여자 청년에게 복음을 전해 예수님을 믿게 되었다. 그 청년이 신앙생활을 하는데 그녀의 어머니가 절에 다니면서 얼마나 심하게 핍박을 하는지 무척 어려웠다. 성경을 찢어서 불태우고, 욕하고, 집에 가두고 수년을 핍박을 받으며 매일 울면서 신앙생활을 하는 그녀에게 사도행전 16장 31절에 "주예수를 믿으라. 그리하면 너와 네 집이 구원을 얻으리라"는 바울사도가 간수장의 가정을 구원할 때 한 약속의 말씀을 함께 붙들고 기도 해주었고, 그 청년도 그 말씀을 믿고 기도하게 했다. 그리던 어느 날 그녀의 어머니의 초대로 가정을 방문하게 되었고, 그분에게 복음을 전하였다. 그 날 성령의 역사로 그분이 예수님을 믿게 되었고, 남편과 두 아들 가정도 모두 예수님을 믿게 되었다. 그 중 한아들은 순복음 교회 목사가 되었고, 그 여자청년은 사모가 되어 지금은 부부가 아프리카선교사로 사역하고 있다.

### 2) 병자나 낙심 중에 있는 사람을 치유하기 위한 심방

예수님은 병든 자의 가정을 심방하셔서 병자를 고쳐주셨다. 베드로의 장모와 회당장 야이로의 가정을 방문하셔서 그들의 병을 고쳐주셨다(막 5:41). 그리고 제자들을 전도하러 보내실 때 "귀신을 쫓아내며, 모든 병과 모든 약한 것을 고치는 능력을 주시고(마 10:1) 가정으로 가서 복음을 전하라 하셨다.

### 3) 말씀을 통한 양육을 위한 심방

예수님은 초대받은 가정에서 심방하셔서 말씀을 가르치셨다. 베다니 나사로의 집에서 말씀을 가르치실 때 "마리아는 주의 발아래에 앉아 그의 말씀을 들으니"(눅10:39) 마리아의 언니 마르다는 마리아의 행동에 불평하자 예수님은 "마리아는 좋은 편을 택하였으니 빼앗기지 아니하리라"(42)하셨다. 훗날 마리아는 예수님의 장례를 준비하기 위해 삼백 데나리온이나 되는 향유를 예수님의 발에 붓고 자기 머리털로 그분의 발을 닦는 큰 헌신을 했다 그때 제자들은 가룟 유다와 함께 그녀를 책망하였으나, 예수님은 그들에게 놀라운 말씀을 하셨는데 "가만두라 내 장례를 미리 준비하였다" 하시고 "내가 진실로 진실로 너희에게 이르노니 온 천하에 어디서든지 복음이 전파되는 곳에는 이 여자가 행한 일도 말하여 그녀를 기억하라"(막14:9)하셨다. 말씀을 사모한 그녀는 하나님의 은혜로 예수님의 장례를 미리 준비하는 헌신을 할 수 있게 되었다.

# 제7장 상담을 할 때 조심해야 할 것들

상담을 할 때 효과적인 사역을 위해 조심해야 할 것들을 이 시간 생각해 보자.

## 1. 전도하려 갈 때 짝을 지어서 가되
## 구령 시 반드시 일대일로 하라

사람은 누구나 다른 사람들이 많이 있는 곳에서는 자신의 영적인 문제에 관해 마음을 여는 것을 꺼려한다. 어떤 사람은 자존심 때문에 잘못된 자신의 입장을 고수하다가도 단 둘만 있으면, 자신의 잘못이나 죄를 기꺼이 인정할 때가 있다. 그러므로 한 명의 상담자가 여러 명을 상담하거나, 여러 명의 상담자가 한명과 상담하는 것보다는 상담자 한명이 한 사람을 상담하는 것이 좋다. 언젠가 구원받지 않은 두 사람을 한꺼번에 상담해서 둘 다 놓치게 된 경험이 있다. 만일 두 사람이 갔다면 상담할 때, 한 사람은 상담을 하고 다른 사람은 잘 할 수 있도록 기도하면서 주변의 방해를 막아주는 것이 좋다.

## 2. 죄인이 구원 받는 것은 말씀과
   성령 하나님의 사역임을 잊지 말라

성공적인 구령의 사역에 있어 가장 큰 방해중 하나는 자신감이다. 자신감은 담대함과 다르다. 담대함은 성령의 능력에서 오는 것이고 자신감은 자신의 경험과 지혜나 지식을 의지할 때 오는 것이다.

바울사도는 전도할 때 자신의 지혜나 경험이 아닌 성령의 능력이 나타나길 늘 간구하면서 두렵고 떨리는 마음으로 한다 하셨는데 이 자세는 구령상담자라면 누구나 그래야 한다. 왜냐하면 사람마다 형편과 처지가 다른데 그것을 알 수 있는 것은 사람이 아닌 오직 성령께서만이 아시고 역사하실 수 있기 때문이다.

## 3. 가능하면 같은 성별과 연령의 사람에게 하라

대개 젊은 사람은 나른 사람들보다 젊은 사람을 더 잘 다룰 수 있으며, 나이든 사람은 젊은이들 보다 같은 나이 든 사람들을 잘 다룰 수 있다.

복음에 대한 중요한 주제를 다룰 때, 젊고 삶에 미숙한 사람이 자기보다 나이가 많은 연령의 사람에게 접근하는 것은 일반적으로 현명한 방법이 아니다. 나이든 사람은 때로 나이 어린사람을 불신하는 경향이 있기 때문이다. 물론 예외인 사람도 많이 있다. 그러므로 교육받은 사람은 교육받은 사람을, 사업가는 사업가를, 노동자는 노동자를, 여자들은 자신과 비슷한 처지에 있는 여자들과 대화하는 것이 좋다.

## 4. 성경을 사용할 때 한 구절의 말씀을 깊이 깨우치라

성경을 앞에 두고 상담할 때 한 구절의 말씀을 잘 풀어서 그 의미를 깨닫게 하고 또 그 말씀을 반복해서 말하는 것이 좋다. 왜냐하면 말씀이 그 사람의 마음에 계속 남아 있어야만 역사하기 때문이다.

어떤 선도사가 젊은이에게 "너는 여호와를 만날만한 때 찾으라. 가까이 계실 때 부르라 악인은 그 길을 불의한 자는 그 생각을 버리고 여호와께 돌아오라 그리하면 그가 너를 긍휼이 여기시고 너그럽게 용서하시리라"(사55:6-17)는 말씀을 그에게 수차례 읽어주고 그 의미를 깨우친 후 서로 헤어졌다. 그를 다음날 만났을 때 그 말씀이 그날 밤 귀에 계속 메아리쳐서 잠을 잘 수가 없었다고 하면서 예수님을 믿기로 결단을 했다고 말했다.
그 후 그는 사람들에게 간증할 때마다 그 구절의 말씀으로 간증했다. 뿐만 아니라 사탄이 접근하여 그의 구원을 의심하게 하거나 구원을 멸시할 때도 그 말씀으로 담대히 사단을 물리칠 수 있었다고 한다.

## 5. 상담 시 예의를 지키되 지나친 친밀한 행동은 피하라

그리스도인들의 무례하고 버릇없는 행동 때문에 예수님을 믿으려고 교회나 상담자를 만나러 왔다가 상처를 받고 떠난 사람들을 만난일이 있다. 그러므로 솔직하면서도 겸손하고 예의 바른 태도가 무엇보다 중요하다. 또한 상대방을 모욕하는 질문을 해서는 안 된다. 만일 질문을 한다면 먼저 양해를 구하고 하는 것이 좋다. 특별히 죄의 결과와 구세주의 필요성을 지적할 때 성경 말씀대로 "너희 마음에 그리스도를 주로 삼아 거룩하게 하고 너희 속에 있는 소망에 관한 이유를 묻는 자에게는 대답할 것을 항상 준비하되 온유와 두려움으로 하고"(벧전 3:15) 온유하고 두려운 자세로 답변하라고 말씀하고 있다. 조심 할 것은 과잉 친절로 상대방의 어깨에 손을 얹거나 팔로 상대를 감싸는 행동은 조심해야 한다. 때론 외롭고 힘든 사람에게 그런 행동이 적절하고 현명한 경우도 있을 수 있지만 동성이 아닌 이성간에 이런 행동은 극히 조심해야 한다. 낯선 사람의 지나친 친근감은 오히려 반감이나 오해를 사기 때문이다.

## 6. 미소를 잃지 않도록 하고 입 냄새가 나지 않도록 주의하라

먼저 대화를 시작한 사람이 긴장하면 자신감이 없어 보이고 상대도 긴장하여 구령을 효과적으로 할 수 없게 되기 때문이다. 긴장을 푸는 가장 큰 길은 기도다. 기도하면 부드럽고 안정된 음성과 미소 짓게 되고 자신과 상대의 긴장을 풀게 한다. 특별히 입에 음식 냄새나 악취가 날 경우, 만일 두 사람이 갔다면 다른 사람에게 상담을 부탁하고 자신은 효과적인 상담이 이루어지도록 아이들을 돌보거나 전화를 받거나 기도로 모든 방해를 막아주는 보조 역할을 하는 것이 좋다.(입 냄새 제거를 위해 껌을 준비하는 것도 지혜임)

## 7. 절대 논쟁을 벌이거나 이성을 잃지 않게 하라

이단들은 자신을 감추고 전도자를 골탕 먹이거나 함정에 빠트릴 계획으로 접근할 때가 있다 마치 서기관들이 예수님께 악한 마음을 품고 접근하여 함정에 빠뜨리려 한 것처럼 그런 사람을 만났을 때 인내심을 가지고 온유하게 자신이 만난 예수님만 전하고 그 자리를 빨리 피하는 것이 좋다.

그러나 간혹 사울처럼 핍박과 모욕적인 태도로 전도자를 대하던 사람이 나중에 변화되는 경우도 많이 있다. 우리나라의 유명한 깡패였던 김익두목사도 그런 사람이다. 그러므로 항상 그리스도를 높이고 그리스도 중심의 대화로 이끌라. 성경은 "열띤 논쟁은 성령이 아니라 육신적이고 마귀적이며 말하는 이나 듣는 이에게 아무 유익이 없다 하시고" 모든 사람에 대하여 온유함으로 가르치라. 혹 하나님이 그들에게 회개함을 주사 진리를 알게 하시어 그들로 깨어 마귀의 올무에서 벗어나 하나님께 사로잡힌바 되어 그 뜻을 따르게 하실까 함이라" (딤후3:23-26)고 하셨다.

그러므로 당신은 상대방을 그리스도께 인도하는 것에만 관심을 두고 논쟁을 피하고 상대가 잘못알고 있는 과거의 거짓된 진리에서 나올 수 있도록 온유하고 겸손한 마음으로 복음을 전하고 기도해주라.

## 8. 구령 시 상담자의 요청이 있기 전에 끼어들지 말라

이 점은 아무리 강조해도 지나치지 않다. 우리는 가끔 자신이 현재 상담하는 사람보다 더 현명한 방법으로 구령 할 수 있다고 생각할 때가 많이 있다. 실제 그렇다 할 찌라도 절대 나서면 안 된다. 그렇게 되면 두 사람을 놓치게 된다. 그때는 상담자와 피상담자를 위해 조용히 기도로 도와주라. 좋은 상담자를 얻게 될 것이다. 나는 간섭 잘하는 사람 때문에 구령을 망치는 경우를 많이 보았다. 그러므로 무슨 일이 있어도 간섭하지 말라. 상담이 잘 되도록 기도로 방해를 막아주라 그리하면 하나님은 당신에게 상담한 것보다 더 큰 복을 주실 것이다.

# 제2부
# 결신한 사람에 대한 양육

# 제1장 기본양육 I

그가 구원의 감격을 계속 가지고 있는지를 먼저 물어보라.
"구원 받은 후" 당신의 삶에 어떤 변화가 있었습니까?

1) 교회에 나오는 것이 기쁘십니까?
2) 마음이 평안하십니까?
3) 어려운 일은 없으십니까?

## 1. 예수님께서 죄의 문제를 완전히 해결하신 분이심을 알게 하라

구주의 필요성을 깨닫고 예수님을 믿은 후 또 죄를 짓게 된다. 그때 사람들은 좌절하고 정죄의식에 빠지게 된다.

그때 우리 안에 죄성이 남아 있는 것과 그 죄성은 성화의 과정을 통해서 다스려지는 것을 가르치고 복음을 받아들인 후 죄를 지었을 때 어떻게 처리해야 하는지를 알려 주어야 합니다.

예수 그리스도를 믿고 하나님과 교제를 할 때 죄를 짓게 되면 빛 되신 주님께서 즉시 깨닫게 해 주신다고 하셨습니다. 그때 죄를 지은 우리는 빛 되신 주님 앞에 나아가 죄를 자백하고 죄와 불의에서 깨끗함을 받아야 한다고 말씀하셨다.

"그러나 내가 너희에게 실상을 말하노니 내가 떠나가는 것이 너희에게 유익이라 내가 떠나가지 아니하면 보혜사가 너희에게로 오시지 아니할 것이요 가면 내가 그를 너희에게로 보내리니 그가 와서 죄에 대하여, 의에 대하여, 심판에 대하여 세상을 책망하시리라"(요 16:7-8)

"만일 우리가 우리 죄를 자백하면 그는 미쁘시고 의로우사 우리 죄를 사하시며 우리를 모든 불의에서 깨끗하게 하실 것이요 만일 우리가 범죄하지 아니하였다 하면 하나님을 거짓말하는 이로 만드는 것이니 또한 그의 말씀이 우리 속에 있지 아니하니라"(요일1:9-10)

위 말씀에서 죄를 지었을 때 우리 안에 계신 성령께서 죄를 지었음을 알려주신다. 그 때 그 죄를 자백하지 않으면 정죄감과 열등의식에 빠지게 되나 만일 죄를 지었을 때 자백하면 주님께서 1) 사하시고 2)모든 불의에서 깨끗하게 해 주신다고 하셨다.

그러므로 구원받기 위해서도 예수님의 십자가의 공로가 필요하듯이 예수님을 믿고 다시 죄를 지었을 때도 그 죄가 사함 받고 불의에서 깨끗함을 받기 위해서도 그분의 공로를 의지하고 기도해야 함을 가르치라. 또 왜 기도할 때 예수님의 이름으로 기도해야 하는지도 요한복음14장 13-14절의 말씀을 통해 가르쳐야 한다.

그리고 빌립보서4장 4-7절의 말씀을 함께 읽고 자신과 남을 위한 간구와 중보기도를 해야 하는 것도 가르치라.

## 2. 예수님은 우리를 의롭게 하시기 위해서 부활하신 분임을 알게 하라

예수님을 단순히 우리 죄를 용서하기 위해서 십자가에서 죽으신 분으로만 아는 것은 충분치 않다. 그분의 죽으심으로 모든 죄의 권세에서 해방되었을 뿐 아니라 부활하심으로 믿는 자들이 의롭다 하심을 얻게 된 것도 알아야 한다.

그러므로 십자가에 못 박힌 예수그리스도를 믿음으로써 죄의 모든 권세에서 해방 되었을 뿐 아니라 그분께서 부활하심으로 의롭다 하심을 받게 된 것을 믿어야 한다.

"만일 우리가 그의 죽으심과 같은 모양으로 연합한 자가 되었으면 또한 그의 부활과 같은 모양으로 연합한 자도 되리라 우리가 알거니와 우리의 옛 사람이 예수와 함께 십자가에 못 박힌 것은 죄의 몸이 죽어 다시는 우리가 죄에게 종노릇 하지 아니하려 함이니 이는 죽은 자가 죄에서 벗어나 의롭다 하심을 얻었음이라"(롬6:5-7)

토레이(R.A Torrey) 목사는 어느 날 한 젊은이가 찾아와서 자신은 "일곱 살 때 성경을 읽고 율법의 저주아래 있는 자신을 알고 심한 번뇌에 빠졌지만 8살 때 요한복음 3:16을 읽고 예수님을 믿음으로 "모든 죄의 짐이 다 사라져서 큰 기쁨을 얻었다"고 했다. 그리고 "몇 년의 시간이 흘러 시카고의 도살장에서 일하면서 불경건한 사람들과 술독에 빠져 매일 죄를 지으면서 현재 살고 있는데" 자신이 여기 온 것은 "죄를 이기고 승리할 수 있는 방법을 알고자 왔다"고 했다.

목사님은 로마서6장 8-14절 말씀을 읽은 후
"만일 우리가 그리스도와 함께 죽었으면 또한 그와 함께 살 줄을 믿노니 이는 그리스도께서 죽은 자 가운데서 살아나셨으매 다시 죽지 아니하시고 사망이 다시 그를 주장하지 못할 줄을 앎이로라 그가 죽으심은 죄에 대하여 단번에 죽으심이요 그가 살아 계심은 하나님께 대하여 살아 계심이니 이와 같이 너희도 너희 자신을 죄에 대하여는 죽은 자요 그리스도 예수 안에서 하나님께 대하여는 살아 있는 자로 여길지어다. 그러므로 너희는 죄가 너희 죽을 몸을 지배하지 못하게 하여 몸의 사욕에 순종하지 말고 또한 너희 지체를 불의의 무기로 죄에게 내주지 말고 오직 너희 자신을 죽은 자 가운데서 다시 살아난 자 같이 하나님께 드리며 너희 지체를 의의 무기로 하나님께 드리라 죄가 너희를 주장하지 못하리니 이는 너희가 법 아래에 있지 아니하고 은혜 아래에 있음이라"

"그리스도께서 당신의 죄들 때문에 죽으시고 장사되셨다가 부활하신 것을 당신은 믿습니까?" (예)
14절 말씀처럼 "당신이 죄의 법아래 있지 않고 은혜 아래 있는 것을 믿으십니까?"(예)
그것을 믿는다면 지금 12-13절 말씀대로 죄가 더 이상 당신 몸에 왕 노릇하지 못하도록 의의 병기로 하나님께 드리는 기도를 하시겠습니까? (예)
함께 무릎을 꿇고 기도 하고 헤어졌다.
그리고 그는 그날 죄에서 완전히 자유케 되었고 그 후 즐거운 신앙생활을 하고 있다고 전해왔다고 한다.

예수님을 구주로 믿고 죄용서와 화평을 얻고도 부활하신 예수님에 대한 분명한 지식이 없어 죄의 권세에서 완전히 자유를 누리지 못한 사람이었음을 알게 된다.
그러므로 우리는 예수님의 십자가와 부활에 담긴 의미를 알고 가르치는 것이 매우 중요하다.

## 3. 예수님을 영접한 사람에게 구원받은 것에 알게하라

1) 구원받은 것에 대한 확신을 갖고 있는지를 점검하여 주라.
예수님께서 자신의 죄를 짊어지셨고, 부활하신 구주시라는 것을 아는 믿음으로는 부족하다. 예수님께서 자신의 죄를 지셨기 때문에, 그분을 믿는 당신은 죄를 사면 받아 의롭게 되었다는 것과 하나님의 자녀가 된 것에 대해 확신하는 법을 알고 있어야 한다.

"영접하는 자 곧 그 이름을 믿는 자들에게는 하나님의 자녀가 되는 권세를 주셨으니" (요 1:12)

이 구절에서 예수님은 누구에게 하나님의 자녀의 권세를 주셨는지 물어보라. "그분을 믿고 영접한 사람들"이다.

"당신은 그분을 구주로 믿고 영접하였습니까?"
"지난번에 영접했습니다. 잘하셨습니다."

"당신은 자신이 하나님의 자녀가 된 것을 믿습니까?"

(예)라는 확신을 가질 때까지 계속 이해시키고 거듭 반복해서 성경을 함께 읽고 확신을 갖도록 도와주라.

한 부부가 자녀를 입양하기 위해 고아원에 갔을 때 거기 두 아이가 있어 질문하길 우리와 같이 가서 살겠느냐. 한 아이는 거절하고, 다른 아이는 "예"라고 대답했다. 누가 그 부부의 자녀가 되었을까? 부부와 함께 집에 온 아이는 누구일까? 부부는 누구에게 "너는 우리 딸이다 그리고 우리를 엄마, 아빠라고 부르거라"고 말했을까? 그날 이후 그 가정의 딸로 평생 살게 된 아이는 누구인가?

**2) 구원받은 확신에 대한 근거를 말씀에 두고 있는 지를 점검해주라.**

예수님을 영접했다는 것만으로는 부족하다. 자신이 구원받았다는 믿음의 근거와 확신을 가져야 한다. 그럴 때 이단이나 사단의 공격에서 이길 수 있다. 나는 구원받아 하나님의 자녀가 되었다고 할 때 그 믿음의 근거가 하나님의 약속에 있어야지 감정이나 자신의 결심에 있어서는 안 된다. 그러므로 아래 말씀을 통해 조상이 물려준 헛된(죄악) 행실에서 구원 받은 것을 말씀을 통해 확인시켜 주어야 한다.

"너희가 알거니와 너희 조상이 물려 준 헛된 행실에서 대속함을 받은 것은 은이나 금 같이 없어질 것으로 된 것이 아니요 오직 흠 없고 점 없는 어린 양 같은 그리스도의 보배로운 피로 된 것이니라. 그는 창세 전부터 미리 알린 바 되신 이나 이 말세에 너희를 위하여 나타내신 바 되었으니 너희는 그를 죽은 자 가운데서 살리시고 영광을 주신 하나님을 그리스도로 말미암아 믿는 자니 너희 믿음과 소망이 하나님께 있게 하셨느니라. 너희가 진리를 순종함으로 너희 영혼을 깨끗하게 하여 거짓이 없이 형제를 사랑하기에 이르렀으니 마음으로 뜨겁게 서로 사랑하라 너희가 거듭난 것은 썩어질 씨로 된 것이 아니요 썩지 아니할 씨로 된 것이니 살아 있고 항상 있는 하나님의 말씀으로 되었느니라. 그러므로 모든 육체는 풀과 같고 그 모든 영광은 풀의 꽃과 같으니 풀은 마르고 꽃은 떨어지되 오직 주의 말씀은 세세토록 있도다 하였으니 너희에게 전한 복음이 곧 이 말씀이니라"(벧전 1:18-25)

"위 구절에서 그 아들을 믿는 자에게는 무슨 일이 일어났다고 말씀하십니까?"

(1) 조상이 물려준 행실에서 그리스도의 보배로운 피로 깨끗케 되었다(18-19).

(2) 믿음과 소망이 하나님께 있게 하셨다(21).

(3) 진리를 믿어 순종하여 영혼이 깨끗하여졌고 거짓 없이 믿음의 형제들을 사랑하게 되었으니 서로 뜨겁게 사랑하라(22).

(4) 거듭난 것이 썩어질 씨가 아닌 살아있고 항상 있는 하나님의 말씀으로 되었다. 이것이 복음이다(23-25).

성경을 쓴 목적이 무엇일까?

"내가 하나님의 아들의 이름을 믿는 너희에게 이것을 쓰는 것은 너희로 하여금 너희에게 영생이 있음을 알게 하려 함이라." (요일5:13)

"오직 이것을 기록함은 너희로 예수께서 하나님의 아들 그리스도이심을 믿게 하려 함이요 또 너희로 믿고 그 이름을 힘입어 생명을 얻게 하려 함이니라." (요20:31)

"성경은 누구를 위해 기록했습니까?"
"목적이 무엇입니까?"
"그리스도를 믿는 사람들을 위해 기록했습니다. 그리고 믿는 그에게 영생이 있다는 것을 알게 하기 위해 성경이 기록되었습니다."
"당신이 구원 받은 것을 이제 성경을 통해 확신하십니까?"
"예, 아멘".

# 제2장 기본 양육 II

그리스도를 믿고 확신한 사람은 하나님께서 그 자녀들을 위해 준비해 두신 것들을 알고 순종하여 살 때 승리의 생활을 할 수 있다.

주변에 많은 그리스도인들이 구원 받은 후 하나님께서 영적자녀를 위해 준비해 주신 것을 알지 못하거나 알고도 믿고 순종하지 않음으로 성공적인 그리스도인의 삶을 살지 못하는 안타까운 것을 많이 보게 된다.

그러면 하나님 아버지께서 자녀의 승리하는 삶을 위해 무엇을 준비해 두셨는지 알아보자.


## 1. 자신과 이웃을 위해 복음을 주셨다

사람이 이 땅에 살면서 자신을 사랑하고 이웃을 사랑 할 수 있는 하나님께서 주신 최고의 선물은 무엇일까? 그것은 복음이다. 복음은 자신과 가족 그리고 이웃을 구원하기 때문이다. 그러므로 하나님은 당신이 예수님을 영접 한 후 즉시 가족이나 친구들 앞에서 자신이 복음을 통해 구원 받았음을 증거하라고 하셨다. 왜일까? 그

것을 통해 자신에게는 확신을 다른 사람에게는 복음을 알게 되는 기회가 되기 때문이다.

"너희에게는 머리털까지 다 세신 바 되었나니 두려워하지 말라 너희는 많은 참새보다 귀하니라. 누구든지 사람 앞에서 나를 시인하면 나도 하늘에 계신 내 아버지 앞에서 그를 시인할 것이요 누구든지 사람 앞에서 나를 부인하면 나도 하늘에 계신 내 아버지 앞에서 그를 부인하리라"(마 10:30-33)

"오직 성령이 너희에게 임하시면 너희가 권능을 받고 예루살렘과 온 유대와 사마리아와 땅 끝까지 이르러 내 증인이 되리라 하시니라"(행 1:8)

예수님은 복음을 믿고 구원 받은 당신에게는 성령이 임하여 증거 할 능력이 주어져 있다 하시고 사람들 앞에서 그리스도를 증거 하라고 하셨다. 그리하면 그리스도께서도 하늘에 계신 아버지 앞에서 당신이 구원받은 자녀임을 증거 하시겠다고 하셨다. 만일 당신이 여러 가지 이유로 사람들 앞에서 그분이 구세주이심을 부끄러워하여 고백하지 않으면 예수님도 당신을 부끄럽게 여겨 하늘에 계신 아버지 앞에서 부인하시겠다고 하셨다. 부활하신 후 자신을 따르던 제자들이 "유대인들을 두려워하여 모인 곳의 문들을 닫고 있었다. 그때 그들을 만나셔서 이르시되 너희에게 평강이 있을지어다. "성령을 받으라." 하셨다. 승천하실 때도 "성령이 너희에게 임하면 권능을 받고 내 증인 되리라"(행1:8) 말씀하셨다. 이 말씀의 의미는 성령이 임한 사람, 성령 충만한 사람은 누구나 담대하게 예수 그리스도가 구세주이심을 증거할 수 있다는 뜻이다.

그러므로 구원받은 당신에게 필요한 것은 성령님의 권능을 받는 것이다. 에베소서 5장 18절에서 "술 취하지 말라 이는 방탕한 것이니 성령으로 충만함을 받으라" 하셨는데 그 이유는 죄악 세상에서 자신과 세상 그리고 마귀를 이기고 증거하는 삶을 살게 하기 위해서임을 알 수 있다(요일5:3-4, 4:4).

사울이 다메섹에서 예수님을 믿는 사람들을 감옥에 넣고 핍박하기 위해 길을 가다가 부활하신 예수님을 만났다. 그리고 예수님의 제자인 아나니아를 통해 복음을 듣고 구원 받게 되었다.

그는 구원받은 즉시 성령을 힘입어 자신이 핍박하던 예수님을 구세주라고 사람들 앞에서 담대하게 증거했다. 그 일로 성안의 유대인들이 그를 잡아 죽이려 하자 바울의 동료들이 그를 광주리에 담아 성 밖으로 내어 보내 위험에서 건져주었다(행 9:19-25). 그러나 성령 충만한 그는 그 후 어떤 사람 앞에서든지 자신이 예수님을 믿음으로 구원 받아 의인이 되었다고 증거했다. 그 결과 그를 만난 수많은 사람들이 구원 받았으나 그의 증거는 항상 많은 핍박과 위험이 따랐고 그때마다 하나님은 그를 구해주셨다. 로마서 7장 35-39절에 "누가 우리를 그리스도의 사랑에서 끊으리요 환난, 곤고, 박해, 굶주림, 헐벗음, 위협, 칼입니까? 우리가 종일 주님 때문에 죽임 당하거나 도살할 양 같이 위협에 있지만 모든 일에서 우리를 사랑하시는 이로 말미암아 넉넉히 이기느니라" 하신 말씀은 바울뿐만 아니라 하나님의 자녀인 우리 모두를 위해 하신 말씀이다.

## 2. 영혼의 양식인 하나님의 말씀이 담긴 성경을 주셨다

아담과 하와 이후로 사단은 사람과 세상을 사용하여 하나님의 말씀에 대한 믿음을 갖지 못하게 하고 있다. 그가 이용하는 사람들은 부모, 형제를 비롯한 세상에서 인기 있는 신학교수나 과학자, 교사 심지어는 목사들도 있다.

그들의 말에 현혹되지 않기 위해서는 영혼의 양식인 말씀을 읽어야 한다.

아담과 하와가 에덴의 선악의 열매를 먹은 행위는 하나님의 말씀에 불순종하고 마귀의 말에 순종한 행위였다. 그 결과를 성경을 통해 알았을 것이다.

그러므로 모든 믿음의 승리자들은 규칙적으로 영의 양식인 성경말씀을 읽고 공부하며 묵상하므로 승리의 삶을 살았다.

다윗은 자신의 성공적 삶의 비결을 시편 119편 11절과 시편 1편 1-2절에서 "내가 주께 범죄하지 아니하려 하여 주의 말씀을 내 마음에 두었나이다", "복 있는 사람은 악인들의 꾀를 따르지 아니하며 죄인들의 길에 서지 아니하며 오만한 자들의 자리에 앉지 아니하고 오직 여호와의 율법을 즐거워하여 그의 율법을 주야로 묵상하는도다" 하셨다

베드로는 베드로전서 2장 2절에서 "갓난 아기들 같이 순전하고 신령한 젖을 사모하라 이는 그로 말미암아 너희로 구원에 이르도록 자라게 하려 함이라" 하셨다.

그리스도인의 삶을 실패하는 가장 근원적인 이유는 하나님의 말씀을 경홀히 여겨 말씀을 통해 마음을 새롭게 변화시키는 일을 게을리 하기 때문이다.

"너희는 이 시대를 본받지 말고 오직 마음을 새롭게 함으로 변화를 받아 하나님의 선하시고 기뻐하시는 온전하신 뜻이 무엇인지 분별하도록 하라"(롬12:2)

"나의 계명을 지키는 자라야 나를 사랑하는 자니 나를 사랑하는 자는 내 아버지께 사랑을 받을 것이요 나도 그를 사랑하여 그에게 나를 나타내리라"(요14:21)

"하나님의 말씀은 살아 있고 활력이 있어 좌우에 날선 어떤 검보다도 예리하여 혼과 영과 및 관절과 골수를 찔러 쪼개기까지 하며 또 마음의 생각과 뜻을 판단하나니"(히4:12)

"또 어려서부터 성경을 알았나니 성경은 능히 너로 하여금 그리스도 예수 안에 있는 믿음으로 말미암아 구원에 이르는 지혜가 있게 하느니라. 모든 성경은 하나님의 감동으로 된 것으로 교훈과 책망과 바르게 함과 의로 교육하기에 유익하니 이는 하나님의 사람으로 온전하게 하며 모든 선한 일을 행할 능력을 갖추게 하려 함이라"(딤후3:15-17)

성경이 우리에게 오기까지 수많은 순교자의 피가 있었다. 그러므로 성경을 소중이 여기고 눈이 밝을 때 성경을 많이 읽어라.
성경을 통해 예수님을 알고, 믿음으로 구원 받은 것 같이 하나님의 사람으로서 온전하게 되는 길과 모든 선한 일을 할 능력을 갖추는 일도 정기적으로 말씀을 듣고 읽고 순종할 때이다. 그러나 많은 하나님의 사람들이 육신의 양식은 정기적으로 섭취하지 않으면 영양실조에 걸린다는 것을 알면서, 영의 양식을 정기적으로 섭취하지 않을 때도 영혼이 피폐해져서 구원의 감격과 기쁨을 잃는다는 것에는 용감하다. 또 세상일에 이끌려 방황하는 이유가 삶의 기준인 말씀을 소홀히 한 것 때문이라는 것을 모르는 것을 볼 때 안타까움을 금할 길 없다.

## 3. 천국열쇠를 사용할 기도의 권세를 주셨다

"쉬지말고 기도하라, 시험에 들지 않게 깨어 기도하라, 구하라 주실 것이요" 등 하나님께서 자녀에게 기도할 수 있는 특별한 권세를 주셨다.

기도는 첫째 하나님은 구원받은 자녀가 구할 때 모든 필요를 채워주신다.

둘째 하나님은 기도의 교제를 통해 그분의 뜻을 알게 하시고 그 뜻을 따라 순종하면서 살도록 하셨다. 예수님은 믿는 성도를 통해 "내 교회를 세우리니 음부의 권세가 이기지 못하리라 하시고 또 천국열쇠를 맡긴다" 하셨다(마6:18-19) 매일 삶에 필요한 것을 위해 주기도문을 가르치셨고(마6:5-15) 늘 기도하면서 살 것을 마태복음 7장 7-11절을 통해 가르치셨다.

그러므로 그리스도인의 삶에 영과 육이 가난하고 감사와 기쁨이 없는 이유는 기도를 게을리 하고, 구하지 않기 때문이다. 야고보 사도는 4장 2절에서 "싸우고 다투고 살인하여도 얻지 못함은 구하지 않기 때문"이라고 하셨다. 즉 영적, 육체적, 경제적 궁핍이 모든 기도와 상관이 있다는 것이다.

"온갖 좋은 은사와 온전한 선물이 다 위로부터 빛들의 아버지께로부터 내려오나니 그는 변함도 없으시고 회전하는 그림자도 없으시니라"(약 1:17) 하셨다. 또 기도에 대해 말씀하시길

"주 여호와께서 이같이 말씀하셨느니라. 그래도 이스라엘 족속이 이같이 자기들에게 이루어 주기를 내게 구하여야 할지라. 내가 그들의 수효를 양 떼 같이 많아지게 하되"(겔 36:37)

"내가 진실로 진실로 너희에게 이르노니 나를 믿는 자는 내가 하는 일을 그도 할 것이요 또한 그보다 큰일도 하리니 이는 내가 아버지께로 감이라 너희가 내 이름으로 무엇을 구하든지 내가 행하리니 이는 아버지로 하여금 아들로 말미암아 영광을 받으시게 하려 함이라 내 이름으로 무엇이든지 내게 구하면 내가 행하리라 너희가 나를 사랑하면 나의 계명을 지키리라"(요14:12-15)

"너희가 내 안에 거하고 내 말이 너희 안에 거하면 무엇이든지 원하는 대로 구하라 그리하면 이루리라 너희가 열매를 많이 맺으면 내 아버지께서 영광을 받으실 것이요 너희는 내 제자가 되리라"(요15:7-8)

"너희가 나를 택한 것이 아니요 내가 너희를 택하여 세웠나니 이는 너희로 가서 열매를 맺게 하고 또 너희 열매가 항상 있게 하여 내 이름으로 아버지께 무엇을 구하든지 다 받게 하려 함이라"(요15:16)

요약하면

1) 기도는 성도와 교회를 통해 하나님의 큰일을 계획하시고 이루시는 신무기다.

2) 기도는 각종의 은사를 받아 하나님의 일을 잘 할 수 있는 능력을 갖추는 지혜와 지식을 준다(약1:5).

3) 기도는 죄와 유혹, 환란을 이기게 하는 능력을 받는 통로이다(요일1:9-2:1)

4) 기도는 말씀을 읽을 때 깨닫게 하는 지혜를 준다(시 119:18).

그러므로 기도는 개인의 삶과 교회사역에 필요를 넉넉하게 채우시고, 승리로 이기게 하시는 통로이다(요15:7-8, 빌 4:19).

## 4. 하나님께 예배하고 믿음의 형제들을 사랑하는 훈련장소로 교회를 주셨다

예수님께서 십자가를 지시기전 무화과나무의 뿌리가 마르는 사건을 통해 성전예배는 끝났음을 가르치셨다. 예수님께서 성전이 허물어지고 다시 3일 만에 성전을 세우시겠다고 하셨다 그 성전은 교회를 세우신다는 뜻이다. 성전이 없으면 제사와 기도를 어디서 할지 고민하는 제자들에게 예수님께서 '내 교회를 세우시겠다' 는 말씀을 그들은 이해하지 못했기 때문에 예수님은 "하나님을 믿으라"(막11:22)고만 말씀하셨다. 예수님은 음부 권세가 이길 수 없는 교회를 세워 이 땅에서 자녀들을 보호하시고, 훈련시켜 사명을 이룰수 있도록 천국열쇠를 주셨다. 그러므로 우리는 천국열쇠를 사용하여 모든 필요와 하나님의 뜻을 알도록 노력해야 한다(마 16:18-19). 모든 성도들은 교회를 사랑하고 그곳에서 하나님을 예배하며 믿음의 형제들과 팀을 이루어 선교의 사명을 다해야 한다 (요13:34, 요일4:9-11).

### 1) 예배
① 이사야 58:13-14
"만일 안식일에 네 발을 금하여 내 성일에 오락을 행하지 아니하고 안식일을 일컬어 즐거운 날이라, 여호와의 성일을 존귀한 날이라 하여 이를 존귀하게 여기고 네 길로 행하지 아니하며 네 오락을 구하지 아니하며 사사로운 말을 하지 아니하면 네가 여호와 안에서 즐거움을 얻을 것이라 내가 너를 땅의 높은 곳에 올리고 네 조상 야곱의 기업으로 기르리라 여호와의 입의 말씀이니라."

② 히브리서 10:19-25
"그러므로 형제들아 우리가 예수의 피를 힘입어 성소에 들어갈 담력을 얻었나니그 길은 우리를 위하여 휘장 가운데로 열어 놓으신 새로운 살 길이요 휘장은 곧 그의 육체니라 또 하나님의 집 다스리는 큰 제사장이 계시매 우리가 마음에 뿌림을 받아 악한 양심으로부터 벗어나고 몸은 맑은 물로 씻음을 받았으니 참 마음과 온전한 믿음으로 하나님께 나아가자 또 약속하신 이는 미쁘시니 우리가 믿는 도리의 소망을 움직이지 말며 굳게 잡고 서로 돌아보아 사랑과 선행을 격려하며 모이기를 폐하는 어떤 사람들의 습관과 같이 하지 말고 오직 권하여 그 날이 가까움을 볼수록 더욱 그리하자"

③ 요한복음 4:23-24

"아버지께 참되게 예배하는 자들은 영과 진리로 예배할 때가 오나니 곧 이 때라 아버지께서는 자기에게 이렇게 예배하는 자들을 찾으시느니라. 하나님은 영이시니 예배하는 자가 영과 진리로 예배할지니라"

### 2) 형제의 사랑
① 요한복음13:34-35

"새 계명을 너희에게 주노니 서로 사랑하라 내가 너희를 사랑한 것 같이 너희도 서로 사랑하라 너희가 서로 사랑하면 이로써 모든 사람이 너희가 내 제자인 줄 알리라" 말씀하셨다.

② 요한일서 2:10-11

"그의 형제를 사랑하는 자는 빛 가운데 거하여 자기 속에
거리낌이 없으나 그의 형제를 미워하는 자는 어둠에 있고
또 어둠에 행하며 갈 곳을 알지 못하나니 이는 그 어둠이
그의 눈을 멀게 하였음이라"

교회의 사명은 하나님께 예배드리고 신앙의 양육과 훈련을 받으며, 성도 간에 피차 사랑함으로 팀을 이루어, 형제와 이웃을 사랑하는 마음으로 선교의 사명을 이루는 곳임을 잊지 말자.

## 5. 만민에게 복음을 전할 선교의 사명을 주셨다

　　예수님은 인류 구원을 위해 선교 사명을 가지시고 인간의 몸을 입고 이 땅에 오셨다. 그리고 그 꿈을 십자가와 부활을 통해 이루시고 믿는 제자들을 통해 만민에게 전파되기를 원하셨다. 그러므로 성령의 권능을 우리에게 주시고, 하늘과 땅의 모든 권세를 가지신 예수님은 지금도 하나님 우편에서 이 꿈을 이루어 가는 교회와 성도들을 위해 기도하시고 "임마누엘" 성령하나님께서도 우리와 함께 하고 계신다(롬 8:34, 히 7:25).

　　"예수께서 나아와 말씀하여 이르시되 하늘과 땅의 모든 권세를 내게 주셨으니 그러므로 너희는 가서 모든 민족을 제자로 삼아 아버지와 아들과 성령의 이름으로 세례를 베풀고 내가 너희에게 분부한 모든 것을 가르쳐 지키게 하라 볼지어다. 내가 세상 끝날까지 너희와 항상 함께 있으리라 하시니라"(마 28:18-20)

　　"또 이르시되 너희는 온 천하에 다니며 만민에게 복음을 전파하라 믿고 세례를 받는 사람은 구원을 얻을 것이요 믿지 않는 사람은 정죄를 받으리라"(막 16:15-16)

　　"오직 성령이 너희에게 임하시면 너희가 권능을 받고 예루살렘과 온 유대와 사마리아와 땅 끝까지 이르러 내 증인이 되리라 하시니라"(행 1:8)

"묵시가 없으면 백성이 방자히 행하거니와 율법을 지키는 자는 복이 있느니라"(잠 29:18)

"세월을 아끼라 때가 악하니라. 그러므로 어리석은 자가 되지 말고 오직 주의 뜻이 무엇인가 이해하라 술 취하지 말라 이는 방탕한 것이니 오직 성령으로 충만함을 받으라"(엡 5:16-18)

"내가 너희 가운데 거할 때에 약하고 두려워하고 심히 떨었노라 내 말과 내 전도함이 설득력 있는 지혜의 말로 하지 아니하고 다만 성령의 나타나심과 능력으로 하여 너희 믿음이 사람의 지혜에 있지 아니하고 다만 하나님의 능력에 있게 하려 하였노라"(고전2:3-5)

오늘날 많은 성도들이 세상에서 방황하며 광야 같은 세상에 소망을 두고 가치없이 살다가 죽어 간다. 이런 불행한 삶을 살게 되는 이유는 자신에게 주신 사명을 잊고 살기 때문이다.

또 다른 이유는 지상교회를, 사명이 끝난 천상교회로 착각하기 때문이다.

## 6. 믿음과 소망을 하늘에 두고 살도록 천국을 주셨다.

하나님은 자녀들이 믿음과 소망을 이 땅이 아닌 하늘나라에 두고 살기를 원하신다. 그리고 생활의 주인이 자신이 아닌 하나님 아버지라는 것을 인정하며 살라 하셨다. 어떻게 사는 것이 그런 삶일까?


### 1) 자신의 소유를 가난한 이웃과 나누라.
"네가 밭에서 곡식을 벨 때에 그 한 뭇을 밭에 잊어버렸거든 다시 가서 가져오지 말고 나그네와 고아와 과부를 위하여 남겨두라 그리하면 네 하나님 여호와께서 네 손으로 하는 모든 일에 복을 내리시리라. 네가 네 감람나무를 떤 후에 그 가지를 다시 살피지 말고 그 남은 것은 객과 고아와 과부를 위하여 남겨두며, 네가 네 포도원의 포도를 딴 후에 그 남은 것을 다시 따지 말고 객과 고아와 과부를 위하여 남겨두라. 너는 애굽 땅에서 종 되었던 것을 기억하라 이러므로 내가 네게 이 일을 행하라 명령하노라"(신24:19-22)

"할 마음만 있으면 있는 대로 받으실 터이요 없는 것은 받지 아니하시리라 이는 다른 사람들은 평안하게 하고 너희는 곤고하게 하려는 것이 아니요 균등하게 하려 함이니 이제 너희의 넉넉한 것으로 그들의 부족한 것을 보충함은 후에 그들의 넉넉한 것으로 너희의 부족한 것을 보충하여 균등하게 하려 함이라 기록된 것 같이 많이 거둔 자도 남지 아니하였고 적게 거둔 자도 모자라지 아니하였느니라"(고후8:12-15)

## 2) 소유의 십일조를 하나님께 드리라.

"만군의 여호와가 이르노라 너희의 온전한 십일조를 창고에 들여 나의 집에 양식이 있게 하고 그것으로 나를 시험하여 내가 하늘 문을 열고 너희에게 복을 쌓을 곳이 없도록 붓지 아니하나 보라. 만군의 여호와가 이르노라 내가 너희를 위하여 메뚜기를 금하여 너희 토지 소산을 먹어 없애지 못하게 하며 너희 밭의 포도나무 열매가 기한 전에 떨어지지 않게 하리니. 너희 땅이 아름다워지므로 모든 이방인들이 너희를 복되다 하리라 만군의 여호와의 말이니라" (말3:10-12)

하나님 아버지께서 그분의 자녀들을 부요케 하고 풍성한 복을 받도록 할 뿐 아니라, 삶의 주인이 하나님이심을 인정하는 것으로 십일조와 헌물을 제단에 드리고, 가난한 이웃과 나그네를 대접하며 살게 하셨다. 또 복 받아 재물이 늘어갈 때 신명기 8장 18절에서 "내 능력과 내 손의 힘으로 재물을 얻었다고 하지 말라 여호와께서 네게 재물을 얻을 능력을 주셨다"는 것을 알라고 하셨다.

누가복음 6장 38절은 "주라 그리하면 너희에게 줄 것이니 곧 후히 되어 누르고 흔들어 넘치도록 하여 너희에게 안겨 주리라 너희가 헤아리는 그 헤아림으로 너희도 헤아림을 도로 받을 것이니라" 하셨다.

십일조와 헌물을 하나님께 드리고 가난한 이웃과 나그네를 대접하는 것은 하나님께서 자녀들이 이 땅에 소망을 두지 않고 천국에 소망을 두며 살게 하기 위한 그분의 지혜이시다.

## 3) 천국 갈 것을 늘 소망하며 살아라.

"너희는 마음에 근심하지 말라 하나님을 믿으니 또 나를 믿으라. 내 아버지 집에 거할 곳이 많도다. 그렇지 않으면 너희에게 일렀으리라 내가 너희를 위하여 거처를 예비하러 가노니 가서 너희를 위하여 거처를 예비하면 내가 다시 와서 너희를 내게로 영접하여 나 있는 곳에 너희도 있게 하리라"(요 14:1-3)

"한 번 죽는 것은 사람에게 정해진 것이요 그 후에는 심판이 있으리니"(히9:27)

"그러므로 형제들아 더욱 힘써 너희 부르심과 택하심을 굳게 하라 너희가 이것을 행한즉 언제든지 실족하지 아니하리라. 이같이 하면 우리 주 곧 구주 예수 그리스도의 영원한 나라에 들어감을 넉넉히 너희에게 주시리라"(벧후1:10-11)

애굽에서 구원받아 가나안 땅으로 들어가려던 이스라엘 사람들이 하나님께 받은 사명을 잊어버렸을 때, 40년간 광야에서 원망과 불평의 삶을 살다가 모두 죽었다. 하나님께서는 우리들이 그렇게 살아가지 않기를 원하셔서 그들로 본을 보이셨음을 잊지 말자.

# 제3장 바른 신앙을 위해 받아야 할 훈련 7가지

　구원받은 사람이 일상생활에서 사단으로부터 세상과 죄의 유혹에서 패배와 낙담으로 얼룩진 삶을 살지 않으려면 반드시 받아야 할 기본적인 훈련이 있다. 그 7가지를 이 시간 생각해 보자.

## 1. 십자가와 부활의 공로를 믿고 의지하는 훈련

　교회 성도들 중 어떤 이들은 하나님께서 자신을 구원하시고 받아 주신 이유가 그들이 스스로 뭔가를 노력해서 되었다고 생각하는 사람들이 있다. 그러나 우리가 죄를 용서 받고 기쁨과 평안의 신앙생활을 하는 것은 자신의 노력이 아니라 그리스도께서 십자가와 부활로 완성하신 그 일을 전적으로 믿고 의지했기 때문인 것을 성경을 통해 알 수 있다. 그러므로 우리는 늘 그분의 공로를 믿고 의지하는 훈련을 철저히 할 때 승리생활을 할 수 있다.

　"내가 복음을 부끄러워하지 아니하노니 이 복음은 모든 믿는 자에게 구원을 주시는 하나님의 능력이 됨이라 먼저는 유대인에게요 그리고 헬라인에게로다 복음에는 하나님의 의가 나타나서 믿음으로 믿음에 이르게 하나니 기록된 바 오직 의인은 믿음으로 말미암아 살리라 함과 같으니라"(롬1:16-17)

"우리가 아직 죄인 되었을 때에 그리스도께서 우리를 위하여 죽으심으로 하나님께서 우리에 대한 자기의 사랑을 확증하셨느니라. 그러면 이제 우리가 그의 피로 말미암아 의롭다 하심을 받았으니 더욱 그로 말미암아 진노하심에서 구원을 받을 것이니. 곧 우리가 원수 되었을 때에 그의 아들의 죽으심으로 말미암아 하나님과 화목하게 되었은즉 화목하게 된 자로서는 더욱 그의 살아나심으로 말미암아 구원을 받을 것이니라"(롬 5:8-10).

"이제는 율법 외에 하나님의 한 의가 나타났으니 율법과 선지자들에게 증거를 받은 것이라 곧 예수 그리스도를 믿음으로 말미암아 모든 믿는 자에게 미치는 하나님의 의니 차별이 없느니라. 모든 사람이 죄를 범하였으매 하나님의 영광에 이르지 못하더니 그리스도 예수 안에 있는 속량으로 말미암아 하나님의 은혜로 값없이 의롭다 하심을 얻은 자 되었느니라. 이 예수를 하나님이 그의 피로써 믿음으로 말미암는 화목제물로 세우셨으니 이는 하나님께서 길이 참으시는 중에 전에 지은 죄를 간과하심으로 자기의 의로우심을 나타내려 하심이니 곧 이 때에 자기의 의로우심을 나타내사 자기도 의로우시며 또한 예수 믿는 자를 의롭다 하려 하심이라"(롬3:21-26).

## 2. 모든 일을 하기 전에 먼저 기도하는 훈련

"먼저 그 나라와 의를 구하라"(마6:33)하신 말씀은 예수님처럼 하루를 기도로 시작하고 기도로 하루의 끝을 맺으라는 뜻이 있다는 것을 알아야 한다.

"너희 중에 싸움이 어디로부터 다툼이 어디로부터 나느냐 너희 지체 중에서 싸우는 정욕으로부터 나는 것이 아니냐. 너희는 욕심을 내어도 얻지 못하여 살인하며 시기하여도 능히 취하지 못하므로 다투고 싸우는 도다 너희가 얻지 못함은 구하지 아니하기 때문이요"(약4:1-2)

"내가 또 너희에게 이르노니 구하라 그리면 너희에게 주실 것이요 찾으라. 그러면 찾아낼 것이요 문을 두드리라 그러면 너희에게 열릴 것이니 구하는 이마다 받을 것이요 찾는 이는 찾아낼 것이요 두드리는 이에게는 열릴 것이니라. 너희 중에 아버지 된 자로서 누가 아들이 생선을 달라 하는데 생선 대신에 뱀을 주며 알을 달라 하는데 전갈을 주겠느냐 너희가 악할지라도 좋은 것을 자식에게 줄 줄 알거든 하물며 너희 하늘 아버지께서 구하는 자에게 성령을 주시지 않겠느냐 하시니라"(눅11:9-13)

"그 곳에 이르러 그들에게 이르시되 시험에 들지 않게 기도하라 하시고"(눅22:40)

큰일을 앞에 둔 예수님은 제자들에게 시험에 이길수 있도록

'기도하라' 하신 것을 명심하자.

"피곤한 자에게는 능력을 주시며 무능한 자에게는 힘을 더하시나니 소년이라도 피곤하며 곤비하며 장정이라도 넘어지며 쓰러지되 오직 여호와를 앙망하는 자는 새 힘을 얻으리니 독수리가 날개치며 올라감 같을 것이요 달음박질하여도 곤비하지 아니하겠고 걸어가도 피곤하지 아니하리로다" (사 40:29-31)

"그가 빛 가운데 계신 것 같이 우리도 빛 가운데 행하면 우리가 서로 사귐이 있고 그 아들 예수의 피가 우리를 모든 죄에서 깨끗하게 하실 것이요. 만일 우리가 죄가 없다고 말하면 스스로 속이고 또 진리가 우리 속에 있지 아니할 것이요. 만일 우리가 우리 죄를 자백하면 그는 미쁘시고 의로우사 우리 죄를 사하시며 우리를 모든 불의에서 깨끗하게 하실 것이요" (요일1:7-9)

기도하는 것은 예수님의 명령이다. 기도 할 때 우리에게 힘과 능력 그리고 지혜와 명철을 주신다. 그러므로 우리 앞에 놓인 일들을 잘 할 수 있기 위해 "먼저 기도하는 훈련"이 필요하다. 그리고 충분히 기도하고 확신이 설 때 일어나서 일하는 훈련도 반드시 받아야 한다.

## 3. 마음에 말씀을 새기는 훈련

"복 있는 사람은 악인들의 꾀를 따르지 아니하며 죄인들의 길에 서지 아니하며 오만한 자들의 자리에 앉지 아니하고 오직 여호와의 율법을 즐거워하여 그의 율법을 주야로 묵상하는도다 그는 시냇가에 심은 나무가 철을 따라 열매를 맺으며 그 잎사귀가 마르지 아니함 같으니 그가 하는 모든 일이 다 형통하리로다"(시1:1-3)

"너희는 우리의 편지라 우리 마음에 썼고 뭇 사람이 알고 읽는 바라. 너희는 우리로 말미암아 나타난 그리스도의 편지니 이는 먹으로 쓴 것이 아니요 오직 살아 계신 하나님의 영으로 쓴 것이며 또 돌판에 쓴 것이 아니요 오직 육의 마음판에 쓴 것이라"(고후3:2-3)

"내가 주께 범죄하지 아니하려 하여 주의 말씀을 내 마음에 두었나이다"(시119:11).

다윗이 일생동안 환난과 시험에서 승리하는 삶을 살게 된 것은 하나님의 말씀을 신령한 젖과 같이 또는 밥처럼 매일 먹고 그 말씀을 주야로 묵상하고 마음에 두었기 때문이었다. 우리는 어떻게 살아야 하겠는가? 어떻게 말씀을 먹고 말씀을 마음에 새길 수 있을까? 바울 사도는 성령의 도우심으로 할 수 있었다고 하셨다. 그러므로 말씀을 읽고 공부하고 묵상할 때 우리는 늘 성령님의 도우심을 구하는 훈련을 해야 한다.

## 4. 하나님의 뜻에 순종하는 훈련

"네가 하나님은 한 분이신 줄을 믿느냐 잘하는도다 귀신들도 믿고 떠느니라. 아아, 허탄한 사람아 행함이 없는 믿음이 헛것인 줄을 알고자 하느냐 우리 조상 아브라함이 그 아들 이삭을 제단에 바칠 때에 행함으로 의롭다 하심을 받은 것이 아니냐. 네가 보거니와 믿음이 그의 행함과 함께 일하고 행함으로 믿음이 온전하게 되었느니라. 이에 성경에 이른 바 아브라함이 하나님을 믿으니 이것을 의로 여기셨다는 말씀이 이루어졌고 그는 하나님의 벗이라 칭함을 받았나니…또 이와 같이 기생 라합이 사자들을 접대하여 다른 길로 나가게 할 때에 행함으로 의롭다 하심을 받은 것이 아니냐. 영혼 없는 몸이 죽은 것 같이 행함이 없는 믿음은 죽은 것이니라"(약2:19-23, 25-26).

우리는 너무나 많은 하나님의 말씀을 강단을 통해 듣는다. 그리고 받은 말씀을 즉시 잊어버림으로 위의 말씀처럼 믿음을 스스로 죽인다.

"우리는 이 일에 증인이요 하나님이 자기에게 순종하는 사람들에게 주신 성령도 그러하니라 하더라"(행5:32)

"또한 너희 지체를 불의의 무기로 죄에게 내주지 말고 오직 너희 자신을 죽은 자 가운데서 다시 살아난 자 같이 하나님께 드리며 너희 지체를 의의 무기로 하나님께 드리라… 너희 육신이 연약하므로 내가 사람의 예대로 말하노니 전에 너희가 너희 지체를 부정과 불법에 내주어 불법에 이른 것 같이 이제는 너희 지체를 의에게 종으로 내주어 거룩함에 이르라(롬 6:13,19)

그러므로 우리가 기도해야 할 것은 믿음으로 받은 은혜의 말씀을 잊지 않고 마음에 새기는 훈련과 더불어 하루에 한 말씀이라도 순종하는 삶을 사는 훈련을 해야 한다.

## 5. 매일 받은 은혜를 다른 사람과 나누는 훈련

"오직 성령이 너희에게 임하시면 너희가 권능을 받고 예루살렘과 온 유대와 사마리아와 땅 끝까지 이르러 내 증인이 되리라 하시니라"(행 1:8)

"주라 그리하면 너희에게 줄 것이니 곧 후히 되어 누르고 흔들어 넘치도록 하여 너희에게 안겨 주리라 너희가 헤아리는 그 헤아림으로 너희도 헤아림을 도로 받을 것이니라"(눅 6:38)

"누구든지 사람 앞에서 나를 시인하면 나도 하늘에 계신 내 아버지 앞에서 그를 시인할 것이요 누구든지 사람 앞에서 나를 부인하면 나도 하늘에 계신 내 아버지 앞에서 그를 부인하리라"(마10:32-33)

"나를 믿는 자는 성경에 이름과 같이 그 배에서 생수의 강이

흘러나오리라 하시니" (요7:38)

하나님아버지는 우리가 받은 은혜를 다른 사람들 앞에서 겸손하고 온유하게 나누는 것을 좋아하신다. 그리고 나눌 때 더 큰 은혜를 주신다고 약속 하셨다.

그리고 우리가 받은 은혜를 나눌 때 자신의 영혼도 살지만 다른 사람들의 영혼도 살게 하신다고 하셨다. 그러므로 받은 은혜를 누구에게든지 나누는 훈련을 해야 한다.

## 6. 믿음의 형제와 이웃에게 물질과 시간 그리고 재능을 나누는 훈련

주님은 마태복음 25장 29절에서 "무릇 있는 자는 받아 풍족하게 되고 없는 자는 그 있는 것까지 빼앗기리라"라고 말씀하셨다.

"너희가 너희의 땅에서 곡식을 거둘 때에 너는 밭 모퉁이까지 다 거두지 말고 네 떨어진 이삭도 줍지 말며, 네 포도원의 열매를 다 따지 말며 네 포도원에 떨어진 열매도 줍지 말고 가난한 사람과 거류민을 위하여 버려두라 나는 너희의 하나님 여호와이니라" (레19:9-10)

"주라 그리하면 너희에게 줄 것이니 곧 후히 되어 누르고 흔들어 넘치도록 하여 너희에게 안겨 주리라 너희가 헤아리는 그 헤아림으로 너희도 헤아림을 도로 받을 것이니라"
(눅6:38)


"이것이 곧 적게 심는 자는 적게 거두고 많이 심는 자는 많이 거둔다 하는 말이로다. 각각 그 마음에 정한 대로 할 것이요 인색함으로나 억지로 하지 말지니 하나님은 즐겨 내는 자를 사랑하시느니라. 하나님이 능히 모든 은혜를 너희에게 넘치게 하시나니 이는 너희로 모든 일에 항상 모든 것이 넉넉하여 모든 착한 일을 넘치게 하게 하려 하심이라 기록된 바 그가 흩어 가난한 자들에게 주었으니 그의 의가 영원토록 있느니라 함과 같으니라. 심는 자에게 씨와 먹을 양식을 주시는 이가 너희 심을 것을 주사 풍성하게 하시고 너희 의의 열매를 더하게 하시리니 너희가 모든 일에 넉넉하여 너그럽게 연보를 함은 그들이 우리로 말미암아 하나님께 감사하게 하는 것이라 이 봉사의 직무가 성도들의 부족한 것을 보충할 뿐 아니라 사람들이 하나님께 드리는 많은 감사로 말미암아 넘쳤느니라"
(고후 9:6-12)


"또 누구든지 제자의 이름으로 이 작은 자 중 하나에게 냉수 한 그릇이라도 주는 자는 내가 진실로 너희에게 이르노니 그 사람이 결단코 상을 잃지 아니하리라 하시니라"(마10:42)

하나님 아버지는 우리에게 주신 복음과 물질 그리고 재능을 믿음의 형제들과 이웃에게 나누고 베푸는 일을 기뻐하시고 이 일을 인색하게 하거나 소홀히 하지 않길 원하신다. 그리하여 나누지 않으면 가진 것마저도 잃을 것이라고 경고하셨다. 그러나 만일 베풀고 나누기를 시작하면 하나님께서 차고 넘치게 채우시는 것을 경험케 되리라고 하셨다. 그러므로 나누고 베푸는 훈련을 해야 한다.

## 7. 천국에 소망을 가지고 이 땅의 삶을 나그네로 사는 훈련

"오직 너희를 부르신 거룩한 이처럼 너희도 모든 행실에 거룩한 자가 되라. 기록되었으되 내가 거룩하니 너희도 거룩할지어다 하셨느니라. 외모로 보시지 않고 각 사람의 행위대로 심판하시는 이를 너희가 아버지라 부른즉 너희가 나그네로 있을 때를 두려움으로 지내라. 너희가 알거니와 너희 조상이 물려 준 헛된 행실에서 대속함을 받은 것은 은이나 금 같이 없어질 것으로 된 것이 아니오. 오직 흠 없고 점 없는 어린 양 같은 그리스도의 보배로운 피로 된 것이니라"
(벧전1:15-19)

"육체의 일은 분명하니 곧 음행과 더러운 것과 호색과 우상숭배와 주술과 원수 맺는 것과 분쟁과 시기와 분 냄과 당 짓는 것과 분열함과 이단과 투기와 술 취함과 방탕함과 또 그와 같은 것들이라 전에 너희에게 경계한 것 같이 경계하노니 이런 일을 하는 자들은 하나님의 나라를 유업으로 받지 못할 것이요"(갈 5:19-21)

"그러므로 형제들아 더욱 힘써 너희 부르심과 택하심을 굳게 하라 너희가 이것을 행한즉 언제든지 실족하지 아니하리라 이같이 하면 우리 주 곧 구주 예수 그리스도의 영원한 나라에 들어감을 넉넉히 너희에게 주시리라"(벧후1:10-11)

"아이들아 내가 너희에게 쓴 것은 너희가 아버지를 알았음이요 아비들아 내가 너희에게 쓴 것은 너희가 태초부터 계신 이를 알았음이요 청년들아 내가 너희에게 쓴 것은 너희가 강하고 하나님의 말씀이 너희 안에 거하시며 너희가 흉악한 자를 이기었음이라 이 세상이나 세상에 있는 것들을 사랑하지 말라 누구든지 세상을 사랑하면 아버지의 사랑이 그 안에 있지 아니하니"(요일2:14-15)

여행자는 여행 중에 많은 것을 가지지 않는 것이 특징이다. 이와 같이 이 세상 성도의 삶이 나그네 삶이라고 하시면서 세상의 것들을 쌓고 사는 이들은 잘못된 삶을 살고 있다는 것을 말씀하셨다. 그러므로 늘 자신의 삶을 점검하는 지혜와 훈련이 필요하다.

제3부

# 상담을 통한
# 구령 사역

# 제1장 실패의 삶을 살고 있는 이들을 위한 상담

그리스도를 믿는 다고 하면서 말씀을 멀리 하므로 그리스도 안에서 만족스럽지 못한 삶을 살고 있는 사람들을 어떻게 상담으로 도울지를 생각해보자.

## 1. 믿음을 공개적으로 고백하지 못하는 사람

그리스도인임을 마땅히 공개적으로 고백해야 하는데도 그렇게 하지 못하는 사람이 있다. 이런 사람을 상담할 때 부활하신 예수님께서 두려워하는 제자들을 찾아 만났을 때를 읽어주라. "안식 후 첫날 저녁 때에 제자들이 유대인들을 두려워하여 모인 곳의 문들을 닫았더니 예수께서 오사 가운데 서서 이르시되 너희에게 평강이 있을지어다. 이 말씀을 하시고 손과 옆구리를 보이시니 제자들이 주를 보고 기뻐하더라. 예수께서 또 이르시되 너희에게 평강이 있을지어다. 아버지께서 나를 보내신 것 같이 나도 너희를 보내노라 이 말씀을 하시고 그들을 향하사 숨을 내쉬며 이르시되 성령을 받으라. 너희가 누구의 죄든지 사하면 사하여질 것이요 누구의 죄든지 그대로 두면 그대로 있으리라 하시니라"(요20:19-23) 하셨다. 그들에게 무엇이 필요한지 예수님은 ① 두 번이나 평강이 있을지어다 ② 아버지께서 나를 보내신 것 같이 나도 너희를 보내노라 ③ 성령을 받으라고 말씀하셨습니다.

예수님의 말씀대로 그들에게 성령이 임했을 때 그들은 담대히 복음을 전했다(행2:1-21).

언젠가 자신이 그리스도인이며 마음으로 예수님을 믿고 그분을 구주로 영접했다고 하면서 그리스도를 공개적으로 고백하는 일이 필요치 않다고 말하는 사람을 만난 일이 있다. 그는 자신만 잘 믿으면 된다는 신앙을 가지고 있었다. 그러나 최근에 와서 자신이 하나님의 자녀라는 확신도 천국 갈 소망도 분명하지 않다고 했다. 그는 "사람들 앞에서 공개적으로 그리스도를 고백하는 것이 꼭 필요합니까?" 물었다. 내가 필요하다고 생각하는 것은 별로 중요치 않다. 문제는 하나님께서 어떻게 말씀하고 계시느냐가 중요하다. 예수님은 우리가 "반드시 고백해야 한다고 하십니다"(막8:38) 만일 결혼한 부부가 길에서 그들의 결혼소식을 못들은 친구를 만났을 때, 아내나 남편을 그 사람에게 어떻게 소개해야 할 것인가? 성경은 마음으로 믿고 입으로 시인할 때 구원에 이른다(롬10:9-10)고 하셨다.

요한복음 12장 42-43절에 예수님 당시 "관리 중에도 그를 믿는 자가 많되 바리새인들 때문에 드러나게 말하지 못하니 이는 출교를 당할까 두려워함이라 그들은 사람의 영광을 하나님의 영광보다 더 사랑하였더라"고 하셨다.

그리고 마가복음 8장 38절은 "누구든지 이 음란하고 죄 많은 세대에서 나와 내 말을 부끄러워하면 인자도 아버지의 영광으로 거룩한 천사들과 함께 올 때에 그 사람을 부끄러워하리라" 하셨다.

당신은 어떤 사람이 되면 좋겠는가? 물어보라 그리고 지금 예수님께서 원하시는 사람이 되길 기도하겠는가?
하나님은 우리의 신앙고백을 통해 자신과 듣는 이를 구원하시려는 목적이 있음을 알리고 어디서나 믿음의 고백을 하도록 인도하라.

## 2. 성경을 읽지 않는 사람

예수그리스도를 믿는다고 고백하면서도 믿음의 성장을 위해 영혼의 양식인 말씀을 규칙적으로 섭취(읽고 듣고)하지 않는 사람이 있다.

"갓난아기들 같이 순전하고 신령한 젖을 사모하라 이는 그로 말미암아 너희로 구원에 이르도록 자라게 하려 함이라"(벧전2;2)

한 여자 성도를 만났을 때 그녀에게 이렇게 질문했다.
"요즘 그리스도인으로 사는 삶은 어떻습니까?"
"그리스도인으로서의 제 삶은 엉망입니다. 자신과 교회에 그리고 예수님께 해를 끼치는 것 같아서 교회 가기가 싫습니다."
"하나님의 말씀을 매일 읽었습니까?"
"아니요."

"그렇다면 그리스도인으로 사는 삶이 만족스럽지 못한 것은 당연하지요. 하나님의 말씀은 신령한 젖이라 하셨는데 어린아기가 "매일 두 시간마다 우유를 먹다가, 내일은 여섯 시간마다, 그리고 그 다음 날은 전혀 우유를 먹지 않았다가, 그 다음 날은 서너 시간마다 먹다가 그 다음 2-3일은 전혀 아무것도 먹지 않는다면 이 아기가 성장할 것이라고 생각하십니까?"
"죽고 말겠죠."
"그렇습니다. 자매님은 자신의 영혼을 그런 식으로 지금 대하시기 때문에 그렇게 된 것이니 다시 성경을 읽으시기 바랍니다." 하고 격려한 후 함께 기도했다.

"또 어려서부터 성경을 알았나니 성경은 능히 너로 하여금 그리스도 예수 안에 있는 믿음으로 말미암아 구원에 이르는 지혜가 있게 하느니라. 모든 성경은 하나님의 감동으로 된 것으로 교훈과 책망과 바르게 함과 의로 교육하기에 유익하니 이는 하나님의 사람으로 온전하게 하며 모든 선한 일을 행할 능력을 갖추게 하려 함이라" (딤후3:15-17)

"청년이 무엇으로 그의 행실을 깨끗하게 하리이까 주의 말씀만 지킬 따름이니이다" (시119:9)

"내가 주께 범죄하지 아니하려 하여 주의 말씀을 내 마음에 두었나이다" (시119:11).

신앙의 성장과 확신 그리고 유혹을 이기는 길은 영혼의 양식인 말씀을 매일 읽고 묵상하면서 그 말씀을 따라서 살아갈 때 된다는 것을 깨우쳐주고 그곳에서 벗어나도록 결단하게 하고 기도해주라.

## 3. 기도를 등한시 하는 사람

그리스도인의 생활에 기쁨과 감사를 잃는 이유 중 하나는 기도를 소홀할 때이다. 구령을 하다보면 그리스도인으로서 불만스러워 하는 사람을 만날 때 규칙적으로 기도생활을 하는지를 알아 볼 필요가 있다. 기도를 소홀히 할 경우 대부분 그 마음과 생활에 어둠의 세력인 사탄의 공격을 받아 그런 현상이 나타나게 된다.

"너희는 욕심을 내어도 얻지 못하여 살인하며 시기하여도 능히 취하지 못하므로 다투고 싸우는도다 너희가 얻지 못함은 구하지 아니하기 때문이요" (약4:2)

"내가 또 너희에게 이르노니 구하라 그러면 너희에게 주실 것이요 찾으라. 그러면 찾아낼 것이요 문을 두드리라 그러면 너희에게 열릴 것이니 구하는 이마다 받을 것이요 찾는 이는 찾아낼 것이요 두드리는 이에게는 열릴 것이니라. 너희 중에 아버지 된 자로서 누가 아들이 생선을 달라 하는데 생선 대신에 뱀을 주며 알을 달라 하는데 전갈을 주겠느냐 너희가 악할지라도 좋은 것을 자식에게 줄 줄 알거든 하물며 너희 하늘 아버지께서 구하는 자에게 성령을 주시지 않겠느냐 하시니라?" (눅11:9-13)

"너희 염려를 다 주께 맡기라 이는 그가 너희를 돌보심이라 근신하라 깨어라 너희 대적 마귀가 우는 사자 같이 두루 다니며 삼킬 자를 찾나니" (벧전5:7-8)

"그런즉 너희는 하나님께 복종할지어다. 마귀를 대적하라 그리하면 너희를 피하리라(약4:7)"

예수님도 말씀하시기를 "어찌하여 자느냐 시험에 들지 않게 일어나 기도하라 하시니라"(눅22:46)

"새벽 아직도 밝기 전에 예수께서 일어나 나가 한적한 곳으로 가사 거기서 기도하시더니"(막1:35)

"쉬지말고 기도하라"(살전5:17)

"다니엘이 이 조서에 왕의 도장이 찍힌 것을 알고도 자기 집에 돌아가서는 윗방에 올라가 예루살렘으로 향한 창문을 열고 전에 하던 대로 하루 세 번씩 무릎을 꿇고 기도하며 그의 하나님께 감사하였더라"(단6:10)

그리스도 예수 안에서 승리하는 신앙생활을 하기 위해서는 늘 규칙적인 기도생활을 해야만 한다. 그리고 이것은 성도를 위한 하나님의 뜻임을 알려주고 기도생활을 어떻게 하는지를 가르쳐 주라.

## 4. 삶을 함부로 살면서 주님의 일을 하지 않는 사람

주님의 은혜로 구원 받았다하면서도 삶을 함부로 살면서 그리스도를 위해서 아무 일도 하지 않는 사람에게 성경은

"간음한 여인들아 세상과 벗된 것이 하나님과 원수 됨을 알지 못하느냐 그런즉 누구든지 세상과 벗이 되고자 하는 자는 스스로 하나님과 원수 되는 것이니라...그러나 더욱 큰 은혜를 주시나니 그러므로 일렀으되 하나님이 교만한 자를 물리치시고 겸손한 자에게 은혜를 주신다 하였느니라 그런즉 너희는 하나님께 복종할지어다. 마귀를 대적하라 그리하면 너희를 피하리라 하나님을 가까이하라 그리하면 너희를 가까이하시리라 죄인들아 손을 깨끗이 하라 두 마음을 품은 자들아 마음을 성결하게 하라"(약4:4, 6-8)

1) "하나님의 집에서 심판을 시작할 때가 되었나니 만일 우리에게 먼저 하면 하나님의 복음을 순종하지 아니하는 자들의 그 마지막은 어떠하며 또 의인이 겨우 구원을 받으면 경건하지 아니한 자와 죄인은 어디에 서리요?" (벧전4:17-18)

2) "너희는 스스로 조심하라 그렇지 않으면 방탕함과 술취함과 생활의 염려로 마음이 둔하여지고 뜻밖에 그 날이 덫과 같이 너희에게 임하리라 이 날은 온 지구상에 거하는 모든 사람에게 임하리라 이러므로 너희는 장차 올 이 모든 일을 능히 피하고 인자 앞에 서도록 항상 기도하며 깨어 있으라 하시니라"(눅21:34-36)

3) "그리스도의 사랑이 우리를 강권하시는도다 우리가 생각하건대 한 사람이 모든 사람을 대신하여 죽었은즉 모든 사람이 죽은 것이라. 그가 모든 사람을 대신하여 죽으심은

살아 있는 자들로 하여금 다시는 그들 자신을 위하여 살지 않고 오직 그들을 대신하여 죽었다가 다시 살아나신 이를 위하여 살게 하려 함이라"(고후5:14-15)
"보라 내가 속히 오리니 내가 줄 상이 내게 있어 각 사람에게 그가 행한 대로 갚아 주리라"(계22;12)

하나님은 당신을 구원하기 위해 아들이 죽는 것도 아끼지 아니하셨다. 그런데 그분을 위해서 아무 일도 하지 않을 뿐만 아니라 그분이 싫어하는 일을 즐긴다면 장차 그분을 어떻게 대할 수 있겠는가? 묻고 정말로 예수님을 믿고 구원 받았다면 지금부터라도 회개하고 주님을 위해 헌신하며 사는 삶을 권면하라.

## 5. 시험과 박해로 고통 중에 있는 사람

유혹과 시련 그리고 핍박은 모든 그리스도인들에게 오는 것인데, 특히 청소년기에는 이것을 잘 이기지 못하여 교회를 떠나게 된다. 그러므로 이 시기에 이들에게는 상담자가 꼭 필요하다.

"사랑하는 자들아 너희를 연단하려고 오는 불 시험을 이상한 일 당하는 것 같이 이상히 여기지 말고 오히려 너희가 그리스도의 고난에 참여하는 것으로 즐거워하라 이는 그의 영광을 나타내실 때에 너희로 즐거워하고 기뻐하게 하려 함이라"(벧전4:12-13)

"내 형제들아 너희가 여러 가지 시험을 당하거든 온전히 기쁘게 여기라 이는 너희 믿음의 시련이 인내를 만들어 내는 줄 너희가 앎이라 인내를 온전히 이루라 이는 너희로 온전하고 구비하여 조금도 부족함이 없게 하려 함이라"(약1:2-4)

"시험을 참는 자는 복이 있나니 이는 시련을 견디어 낸 자가 주께서 자기를 사랑하는 자들에게 약속하신 생명의 면류관을 얻을 것이기 때문이라"(약1:12)

"사람이 감당할 시험 밖에는 너희가 당한 것이 없나니 오직 하나님은 미쁘사 너희가 감당하지 못할 시험 당함을 허락하지 아니하시고 시험 당할 즈음에 또한 피할 길을 내사 너희로 능히 감당하게 하시느니라"(고전10:13)

"의를 위하여 박해를 받은 자는 복이 있나니 천국이 그들의 것임이라 나로 말미암아 너희를 욕하고 박해하고 거짓으로 너희를 거슬러 모든 악한 말을 할 때에는 너희에게 복이 있나니 기뻐하고 즐거워하라 하늘에서 너희의 상이 큼이라 너희 전에 있던 선지자들도 이같이 박해하였느니라."(마5:10-12)

"무릇 그리스도 예수 안에서 경건하게 살고자 하는 자는 박해를 받으리라"(딤후3:12)

"적은 무리여 무서워 말라 너희 아버지께서 그 나라를 너희에게 주시기를 기뻐하시느니라"(눅12:32).

어느 시대든지 시험과 박해가 있었고, 그때 순교의 길을 선택한 사람이 있는가 하면 실족하여 믿음의 길을 중단하거나 떠나 배교하는 사람들이 있었음을 알려주라. 그리고 말씀과 기도로 시험과 박해를 반드시 이기라고 하신 것을 상기시키고 함께 기도하라.

## 6. 고난을 겪고 있는 사람

박해는 사람으로부터 온다면, 고난은 주로 환경으로부터 온다. 이때 신앙이 어릴수록 동료 그리스도인들의 격려와 조언은 큰 도움이 된다. 고난으로 인해 오랫동안 어둠과 황량함을 겪고 있는 사람들을 기도와 상담을 통해 구해 낼 수 있다. 그러므로 고난의 시기에 교회의 현명한 상담자가 있다면 그로 인해 그 성도는 고난을 이기고 장차 유능한 일꾼이 될 것이다.

"또 아들들에게 권하는 것 같이 너희에게 권면하신 말씀도 잊었도다. 일렀으되 내 아들아 주의 징계하심을 경히 여기지 말며 그에게 꾸지람을 받을 때에 낙심하지 말라 주께서 그 사랑하시는 자를 징계하시고 그가 받아들이시는 아들마다 채찍질하심이라 하였으니 너희가 참음은 징계를 받기 위함이라 하나님이 아들과 같이 너희를 대우하시나니 어찌 아버지가 징계하지 않는 아들이 있으리요?... 무릇 징계가 당시에는 즐거워

보이지 않고 슬퍼 보이나 후에 그로 말미암아 연단 받은 자들은 의와 평강의 열매를 맺느니라"(히12:5-7,11).

"썩지 않고 더럽지 않고 쇠하지 아니하는 유업을 잇게 하시나니 곧 너희를 위하여 하늘에 간직하신 것이라 너희는 말세에 나타내기로 예비하신 구원을 얻기 위하여 믿음으로 말미암아 하나님의 능력으로 보호하심을 받았느니라. 그러므로 너희가 이제 여러 가지 시험으로 말미암아 잠깐 근심하게 되지 않을 수 없으나 오히려 크게 기뻐하는 도다 너희 믿음의 확실함은 불로 연단하여도 없어질 금보다 더 귀하여 예수 그리스도께서 나타나실 때에 칭찬과 영광과 존귀를 얻게 할 것이니라"(벧전 1:4-7).

"그러므로 하나님의 능하신 손아래에서 겸손하라 때가 되면 너희를 높이시리라 너희 염려를 다 주께 맡기라 이는 그가 너희를 돌보심이라"(벧전 5:6-7).

"여호와는 나의 빛이요 나의 구원이시니 내가 누구를 두려워하리요 여호와는 내 생명의 능력이시니 내가 누구를 무서워하리요 악인들이 내 살을 먹으려고 내게로 왔으나 나의 대적들, 나의 원수들인 그들은 실족하여 넘어졌도다. 군대가 나를 대적하여 진 칠지라도 내 마음이 두렵지 아니하며 전쟁이 일어나 나를 치려할지라도 나는 여전히 태연하리로다 내가 여호와께 바라는 한 가지 일 그것을 구하리니 곧 내가 내 평생에 여호와의 집에 살면서 여호와의 아름다움을 바라보며 그의 성전에서 사모하는 그것이라 여호와께서 환난 날에 나를 그의 초막 속에 비밀히 지키시고 그의 장막 은밀한 곳에 나를 숨기시며 높은 바위 위에 두시리로다 이제 내 머리가 나를 둘러싼 내 원수 위에 들리리니 내가 그의 장막에서 즐거운 제사를 드리겠고 노래하며 여호와를 찬송하리로다" (시27:1-6).

하나님은 때로 우리를 모든 것으로부터 떠나 고독과 외로움을 통해 하나님만 의지하게 하시는 훈련을 시킬 때가 있다. 이 훈련을 우리는 고독의 훈련이라고 한다. 이 훈련을 잘 통과하면 신앙이 견고해지게 된다. 많은 믿음의 선진들이 이 훈련을 받았다.

바울은 3년간 아라비아 광야에서 요셉과 다윗은 13년 동안 사람을 통해서 모세는 광야에서 40년간 고독훈련을 받았다. 훈련을 많이 잘 받은 사람일수록 일생동안 자신에게 주어진 삶의 사명을 잘 감당하여 하나님께 칭찬 받는 삶을 살았음을 깨우쳐주고 기도해 주라.

## 7. 사랑하는 사람들을 잃고 낙심 중에 있는 사람

어느 가정이나 죽음이 찾아온다. 그때 위로의 사역은 중요한 사역 중 하나이다. 이때 위로자가 조심할 것은 위로하려는 좋은 의도를 지니고 하나님의 말씀보다는 인간적인 자기의 생각과 방법으로 위로하므로 유익보다 해를 끼치는 경우가 있다. 그러므로 위로자는 반드시 기도 중에 예수님께서 하신 말씀 중 죽음과 미래의 소망에 관한 말씀을 찾아 전해야 한다.

아래 말씀들이 유익하다.

"너희는 마음에 근심하지 말라 하나님을 믿으니 또 나를 믿으라. 내 아버지 집에 거할 곳이 많도다. 그렇지 않으면 너희에게 일렀으리라 내가 너희를 위하여 거처를 예비하러 가노니 가서 너희를 위하여 거처를 예비하면 내가 다시 와서 너희를 내게로 영접하여 나 있는 곳에 너희도 있게 하리라" (요14:1-3).

"또 내가 들으니 하늘에서 음성이 나서 이르되 기록하라 지금 이후로 주 안에서 죽는 자들은 복이 있도다. 하시매 성령이 이르시되 그러하다 그들이 수고를 그치고 쉬리니 이는 그들의 행한 일이 따름이라 하시더라" (계14:13).

"형제들아 자는 자들에 관하여는 너희가 알지 못함을 우리가 원하지 아니하노니 이는 소망 없는 다른 이와 같이 슬퍼하지 않게 하려 함이라 우리가 예수께서 죽으셨다가 다시 살아나심을 믿을진대 이와 같이 예수 안에서 자는 자들도 하나님이 그와 함께 데리고 오시리라 우리가 주의 말씀으로 너희에게 이것을 말하노니 주께서 강림하실 때까지 우리 살아남아 있는 자도 자는 자보다 결코 앞서지 못하리라 주께서 호령과 천사장의 소리와 하나님의 나팔 소리로 친히 하늘로부터 강림하시리니 그리스도 안에서 죽은 자들이 먼저 일어나고 그 후에 우리 살아남은 자들도 그들과 함께 구름 속으로 끌어 올려 공중에서 주를 영접하게 하시리니 그리하여 우리가 항상 주와 함께 있으리라
그러므로 이러한 말로 서로 위로하라" (살전4:13-18).

"그러므로 내 사랑하는 형제들아 견실하며 흔들리지 말고 항상 주의 일에 더욱 힘쓰는 자들이 되라 이는 너희 수고가 주 안에서 헛되지 않은 줄 앎이라"(고전15:58).

이 구절들의 의미를 잘 설명해 주고 슬픔 중에 있는 이들이 소망을 갖도록 위로하고 함께 기도하라.

# 제2장 잘못된 구원관을 가진 사람을 위한 상담

## 1. 선한 행위로 구원받는다고 믿는 사람

우리사회에서 가장 흔한 헛된 소망이 이것이다. 선하고 착하게 살면 하나님께서 받아줄 것으로 기대하며 사는 사람이다. 그들은 자신은 누구보다 착하게 살고 있다고 한다. 저는 악한 것보다 선을 늘 베풀면서 살아 왔습니다. 저는 나쁜 행동이나 나쁜 말을 하지 않으려고 노력했고, 지금까지 살면서 한 번도 남을 억울하게 한 적이 없습니다.

"사람이 의롭게 되는 것은 율법의 행위로 말미암음이 아니요 오직 예수 그리스도를 믿음으로 말미암는 줄 알므로 우리도 그리스도 예수를 믿나니 이는 우리가 율법의 행위로써가 아니고 그리스도를 믿음으로써 의롭다 함을 얻으려 함이라 율법의 행위로써는 의롭다 함을 얻을 육체가 없느니라" (갈2:16)

죄에서 구원받고 의롭게 되는 것은 "율법의 행위(선행)로 의롭게 되는 것이 아니요"라는 말씀에 주의를 기울어야 한다. 율법의 목적은 사람을 복음으로 인도하는 안내자이기 때문이다.

"무릇 율법 행위에 속한 자들은 저주 아래에 있나니 기록된 바 누구든지 율법 책에 기록된 대로 모든 일을 항상 행하지 아니하는 자는 저주 아래에 있는 자니라고 하였음이라"(갈 3:10)

이때 인도자는 다음과 같은 대화를 이끌어가야 합니다.

"의로운 삶을 통해 구원받고자 하는 사람들에 관해 하나님께서 무엇이라고 말씀하시는지 이 구절을 함께 읽어 보시겠습니까?"
"하나님은 선행으로 구원받으려는 사람은 어디에 있다고 하셨나요? 저주 아래 있다 하셨습니다."
"무엇 때문일까요?"
"죄 때문이겠죠."
"그렇습니다."
"그러므로 구원받고 싶은 사람은 자신의 선행 의외에 다른 방법을 찾아야 한다고 성경은 말씀하고 있습니다."

"그러므로 율법의 행위로 그의 앞에 의롭다 하심을 얻을 육체가 없나니 율법으로는 죄를 깨달음이니라 이제는 율법 외에 하나님의 한 의가 나타났으니 율법과 선지자들에게 증거를 받은 것이라 곧 예수 그리스도를 믿음으로 말미암아 모든 믿는 자에게 미치는 하나님의 의니 차별이 없느니라. 모든 사람이 죄를 범하였으매 하나님의 영광에 이르지 못하더니 그리스도 예수 안에 있는 속량으로 말미암아 하나님의 은혜로 값없이 의롭다 하심을 얻은 자 되었느니라. 이 예수를 하나님이 그의 피로써 믿음으로 말미암는 화목제물로 세우셨으니 이는 하나님께서 길이 참으시는 중에 전에 지은 죄를 간과하심으로 자기의 의로우심을 나타내려 하심이니 곧 이 때에 자기의 의로우심을 나타내사 자기도 의로우시며 또한 예수 믿는 자를 의롭다 하려 하심이라"(롬3:20-26)

"예수님께서 죄로 인해 저주아래 있는 우리를 해방시키기 위해 무엇을 하셨습니까? 죽으심으로 그 길을 여셨습니다. 그 길로 가시겠습니까?" 묻고 쉽게 결단을 못 내리면 다시한번 요3:36과 요14:6을 찾아 함께 읽고 구원 받는 길로 인도해 주도록 한다,

## 2. 하나님은 사랑이 많으셔서 아무도 지옥에 보내지 않는다고 믿는 사람

"하나님은 사랑이 많으셔서 아무도 지옥에 보내지 않는다"고 믿는 사람들은 엉뚱한 거짓교리를 믿는 사람들이다. 하나님은 사랑이 많으시고 선하시기 때문에 아무도 사람들을 지옥에 보내지 않으십니다. 예수님께서 죽으신 이유도 그 때문입니다. 라고 주장한다, 그들의 주장이 일부는 맞지만 그것은 성경의 구원 받는 원리가 아니다.

로마서 2장 4-5절은 "혹 네가 하나님의 인자하심이 너를 인도하여 회개하게 하심을 알지 못하여 그의 인자하심과 용납하심과 길이 참으심이 풍성함을 멸시하느냐 다만 네 고집과 회개하지 아니한 마음을 따라 진노의 날 곧 하나님의 의로우신 심판이 나타나는 그 날에 임할 진노를 네게 쌓는도다"

"이 구절은 하나님께서 인자하시고 용납하시며 오래 참으신다 하셨는데 그 목적이 무엇이라고 하셨습니까?"

"우리를 회개에 이르도록 하기 위한 것이라고 하였습니다."

"하나님의 선하심을 이용해서 회개하지 않고 그 선하심과 오래 참으심을 무시하고 죄를 짓는 핑계거리로 삼는다면 그 결과가 어떻게 된다고 말씀하셨습니까?"

"진노를 쌓는다고 하셨습니다."

"어떻게 하시겠습니까?"

이제 복음을 제시하고 구원받도록 도와주라.

"주의 약속은 어떤 이들이 더디다고 생각하는 것 같이 더딘 것이 아니라 오직 주께서는 너희를 대하여 오래 참으사 아무도 멸망하지 아니하고 다 회개하기에 이르기를 원하시느니라. 그러나 주의 날이 도둑 같이 오리니 그 날에는 하늘이 큰 소리로 떠나가고 물질이 뜨거운 불에 풀어지고 땅과 그 중에 있는 모든 일이 드러나리로다. 이 모든 것이 이렇게 풀어지리니 너희가 어떠한 사람이 되어야 마땅하냐 거룩한 행실과 경건함으로"(벧후3:9-11)

"너는 그들에게 말하라 주 여호와의 말씀이니라. 나의 삶을 두고 맹세하노니 나는 악인이 죽는 것을 기뻐하지 아니하고 악인이 그의 길에서 돌이켜 떠나 사는 것을 기뻐하노라 이스라엘 족속아 돌이키고 돌이키라 너희 악한 길에서 떠나라 어찌 죽고자 하느냐 하셨다 하라"(겔33:11)

"하나님께서는 선하셔서 아무도 죽는 것을 원하지 않으신다는 당신의 생각은 옳습니다. 그러나 반드시 기억해야 할 것은 죄에서 회개하고 돌이킬 때 죽지 않는다고 하셨습니다. 죽지 않는 길로 가시겠습니까?" 복음을 제시하고 구원 받도록 인도해주라.

"하나님이 세상을 이처럼 사랑하사 독생자를 주셨으니 이는 그를 믿는 자마다 멸망하지 않고 영생을 얻게 하려 하심이라" (요3:16)

"여호와의 손이 짧아 구원하지 못하심도 아니요 귀가 둔하여 듣지 못하심도 아니라 오직 너희 죄악이 너희와 너희 하나님 사이를 갈라놓았고 너희 죄가 그의 얼굴을 가리어서 너희에게서 듣지 않으시게 함이니라"
(사59:1-2)

뉴욕에 한 선교사가 시골 마을에서 모임을 열고 있을 때 그곳에 살고 있는 만인구원론 즉 하나님은 선하시기 때문에 아무도 지옥에 보내지 않는다고 믿는 목사가 그 선교사와 논쟁을 하기 위해 찾아왔다. 그 선교사는 너무 바빠서 논쟁할 시간이 없다고 말했다. 어느 날 그 선교사가 목사가 살고 있는 집을 방문했다. 그 목사는 마침내 토론 기회가 왔다고 생각하고 기뻐했다. 그리고는 하나님께서는 너무도 사랑이 많으시기 때문에 아무도 지옥에 보내지 않으신다는 만인구원론을 주장했다. 그 선교사는 "너무 바빠서 논쟁할 시간이 없지만 한 가지 말해두고 싶은데 당신이 회개하지 않으면 멸망할 것입니다."라고 하자 다소 화가 난 그는 "그건 논쟁이 아니라 그냥 성경을 인용한 것에 지나지 않는군요." 라는 말을 하자. 그는 두 번째 말하길 "너무 바빠서 논쟁할 여력이 없지만 한 가지 말해두고 싶은데 당신이 회개하지 않으면 멸망할 것입니다." 이 말을 들은 목사는 말을 급류처럼 쏟아내었다. 그의 말이 끝나자 그 선교사는 다시 "너무 바빠서 논쟁할 여력이 없지만 한 가지 말해두고 싶은데 당신이 회개하지 않으면 멸망할 것입니다. 이제 가야겠습니다. 그러자 그 목사는 웃으면서 그 말은 금방 잊어버릴 거라고 말했다. 다음 날 누군가가 이 선교사의 집 문을 노크했다. 문을 열어보니 그 목사였다. 당신 말은 사실입니다. 제가 회개하지 않으면 저는 멸망할겁니다 구원받으려면 어떻게 해야 하는지 물으려고 왔습니다."

선교사는 그에게 생명의 길인 예수그리스도를 소개했고 그 결과 그는 진정으로 믿고 구원받게 되었다.

## 3. 열심히 노력하면 구원받는다고 믿는 사람

열심히 노력하면 구원 받고 그리스도인이 된다고 거짓된 믿음을 소유한 사람들이 있다. 그리스도인이 되는 것은 노력한다고 되는 것이 아니라 그리스도를 믿음으로 된다.

"주 예수를 믿으라. 그리하면 너와 네 집이 구원을 받으리라"
(행16:31)

요한복음 1장 12절에도 하나님께서는 당신이 그리스도인이 되위해 노력을 요구하거나 더 나은 삶을 살라거나 뭔가 다른 것을 요구하시는 것이 아니라 예수 그리스도를 믿으라고 하신다.

우리가 구원받기 위해 할 수 있는 일은 노력이 아니라 예수님께서 인간의 죄를 위해 십자가에 죽으시고 부활하신 것을 믿음으로써 죄로부터 구원받는다고 하셨다.

"모든 사람이 죄를 범하였으매 하나님의 영광에 이르지 못하더니 그리스도 예수 안에 있는 속량으로 말미암아 하나님의 은혜로 값 없이 의롭다 하심을 얻은 자 되었느니라. 이 예수를 하나님이 그의 피로써 믿음으로 말미암는 화목제물로 세우셨으니 이는 하나님께서 길이 참으시는 중에 전에 지은 죄를 간과하심으로 자기의 의로우심을 나타내려 하심이니 곧 이 때에 자기의 의로우심을 나타내사 자기도 의로우시며 또한 예수 믿는 자를 의롭다 하려 하심이라" (롬3:23-26)

"죄인이 어떻게 해야 의롭게 된다고 하십니까?"
"그리스도 예수 안에 있는 구속을 믿을 때 그의 은혜로 값없이 의롭게 된다고 하십니다."
"그러면 당신의 노력을 멈추고 예수님을 지금 구세주로 받아들이시겠습니까? 죄의 권세에서 벗어나는 길은 자신의 노력이 아니라 그리스도를 의지하고 그 행하신 일을 믿음으로써 가능하게 되는 것입니다" 와 같이 강조하고 구원의 길로 인도하라.

## 4. 꿈이나 환상을 통해 구원 받았다고 믿는 사람

오랜 교회생활 때문에 자신은 하늘나라에 가리라고 확신하는 사람 중에 꿈에서 혹은 기도 중 신비한 환상을 경험하고서 자신은 구원 받았다고 생각하는 사람이 있다. 이들은 기도와 찬송을 통해 혹은 꿈에 늘 신비한 체험에 자신의 문제나 구원을 의지하고 그리스도를 결코 의지하지 않는 사람들이다.

"어떤 길은 사람이 보기에 바르나 필경은 사망의 길이니라" (잠언14:12)

당신이 가고 있는 길은 성령이 말하는 구원의 길이 아닙니다. 당신이 생각하는 길이 당신을 하늘나라로 인도해줄 것 같지만, 그 길의 끝은 죽음의 길이라고 말씀하고 있습니다.
왜 그렇습니까? 죄의 길이기 때문입니다.

"죄의 삯은 사망이요 하나님의 은사는 그리스도 예수 안에 있는 영생이니라" (롬6:23)

"너희는 그 은혜에 의하여 믿음으로 말미암아 구원을 받았으니 이것은 너희에게서 난 것이 아니요 하나님의 선물이라 행위에서 난 것이 아니니 이는 누구든지 자랑하지 못하게 함이라" (엡2:8-10)

예수님께서 베들레헴 땅에 구세주로 탄생하셨을 때, 대제사장과 서기관들이 사실을 알고 동방박사들과 많은 사람들에게 정확하게 말했으나 그들 중 누구도 예수님을 만나러 가지 않았고 오직 동방의 박사들만 예수님을 만나 구원받아 기쁨으로 돌아갔습니다(마 2:1-12).

참 믿음의 사람은 말씀을 아는 사람이 아니라 알고 그 말씀대로 행하는 동방박사 같은 사람입니다.
자신은 어떤 믿음의 사람인가 물어보라.
사람이 죄에서 구원받는 근거는 신비한 경험이나 자신의 기분이 아니라 예수그리스도의 십자가와 부활의 공로임을 알려주고 지금 그 공로를 진심으로 믿고 받아 들이면 구원 받는다는 것을 알려주라. 그리고 구원 받도록 도와주라.

## 5. 열심히 교회에 다니기 때문에 구원 받는다고 믿는 사람

이런 사람들은 대부분이 어릴 때부터 교회를 다닌 경험 있는 전통적인 모태 교인들 중에 있다. 자신은 세례를 받고 열심히 어릴 때부터 교회를 다녔기 때문에 구원받았다고 믿는 사람들이 있다.
이것 역시 거짓 소망 중 하나이다. 이 소망을 가진 사람은 바리새인과 서기관들처럼 자기주장이 강해서 가장 위험한 사람이라고 볼 수 있다.

"나더러 주여 주여 하는 자마다 다 천국에 들어갈 것이 아니요 다만 하늘에 계신 내 아버지의 뜻대로 행하는 자라야 들어

가리라 그 날에 많은 사람이 나더러 이르되 주여 주여 우리가 주의 이름으로 선지자 노릇 하며 주의 이름으로 귀신을 쫓아내며 주의 이름으로 많은 권능을 행하지 아니하였나이까 하리니 그 때에 내가 그들에게 밝히 말하되 내가 너희를 도무지 알지 못하니 불법을 행하는 자들아 내게서 떠나가라 하리라"(마7:21-23)

예수님은 '교회의 사역에서 열심히 활동하지만' 여전히 구원 받지 못한 사람이 있다고 말씀하십니다.

혹 당신은 이런 사람이 아닌가하고 조심스럽게 묻고 싶습니다.

예수님은 당시 랍비인 니고데모를 만났을 때 거듭나지 않으면 하늘나라에 들어갈 수 없다고 하셨다.

"예수께서 대답하여 이르시되 진실로 진실로 네게 이르노니 사람이 거듭나지 아니하면 하나님의 나라를 볼 수 없느니라. 니고데모가 이르되 사람이 늙으면 어떻게 날 수 있사옵나이까 두 번째 모태에 들어갔다가 날 수 있사옵나이까 예수께서 대답하시되 진실로 진실로 네게 이르노니 사람이 물과 성령으로 나지 아니하면 하나님의 나라에 들어갈 수 없느니라"(요 3:3-5)

"그런즉 누구든지 그리스도 안에 있으면 새로운 피조물이라 이전 것은 지나갔으니 보라 새 것이 되었도다"(고후5:17)

"네가 만일 네 입으로 예수를 주로 시인하며 또 하나님께서 그를 죽은 자 가운데서 살리신 것을 네 마음에 믿으면 구원을

받으리라 사람이 마음으로 믿어 의에 이르고 입으로 시인하여 구원에 이르느니라"(롬10:9-10)

"만일 구원에 확신이 없으시다면 위의 말씀대로 예수님을 믿고 입으로 시인하는 기도를 지금 하시겠습니까? 죄의 문제를 해결하신 예수님은 니고데모처럼 거듭나서 하나님의 백성이 되기를 원하십니다." 하고 결단을 물어보고 구원 받도록 도우라.

# 제3장 문제를 안고 사는 사람을 위한 상담

사람은 누구나 구원받기를 갈망하면서도 생활의 문제들 때문에 구원받지 못하는 경우가 있다. 그러므로 문제에 몰두하고 있는 그에게 먼저 그리스도가 필요함을 제시하여 주고 구원 받게 도와주라. 또 어떤 사람은 진정으로 구원받고자 하면서도 그리스도가 필요하다는 절박감이 결여되어 구원받지 못하는 경우가 있다. 이들은 모두 구세주의 필요성을 느끼면서도 자신의 특별한 문제에 집착하여 그리스도를 놓치고 살고 있다.

그들을 어떻게 구원으로 인도할 것인가?

## 1. 자신은 큰 죄인이라는 사람

가끔 교회 나오는 능력 있고 똑똑한 남자를 만난 토레이 목사는 왜 그리스도인이 되지 않았느냐고 질문하자 그는 "죄가 너무 커서 저는 구원받을 수 없습니다." 라고 대답했다.
그러자 목사님은 디모데전서1장 15절 "미쁘다 모든 사람이 받을 만한 이 말이여 그리스도 예수께서 죄인을 구원하시려고 세상에 임하셨다 하였도다. 죄인 중에 내가 괴수니라" 라는 말씀을 읽고 그 뜻을 자세히 설명하자, 그는 자신이 바로 "죄인들 중 괴수"라고 고백하였다. "그러면 지금 기도하시겠습니까?" "예"
무릎을 꿇고 하나님께 자신이 죄인임을 고백하고서 자신의 죄를 용서해 달라고 간구했다. 그리고 그는 그날 구원받게 되었다. 그가 그리스도인이 된 후 그의 가정도 정상적으로 회복되었고, 그는 매일의 생활에서 주님을 증거하는 삶을 살게 되었다고 한다.

"건강한 자에게는 의사가 쓸 데 없고 병든 자에게라야 쓸 데 있느니라. 너희는 가서 내가 긍휼을 원하고 제사를 원하지 아니하노라 하신 뜻이 무엇인지 배우라 나는 의인을 부르러 온 것이 아니요 죄인을 부르러 왔노라"(마9:12-13)

인간의 죄가 그리스도께로 가는데 방해가 되는 것 같지만 실제는 어떤 사람에겐 더 빨리 그리스도께 나아오게 만든다. 왜냐하면 그리스도께서는 의인들을 부르러 오신 것이 아니라 죄인들을 부르셔서 회개케 하여 구원받게 하려고 오셨기 때문이다.

한 상담자가 살인자를 만나게 되었는데 자신은 전쟁터에서 자신의 손을 피로 더럽힌 죄인이라 "희망이 없다"고 말했다.
무슨 일이 있었는지를 묻자. 자신의 동료가 자신 때문에 전쟁터에서 죽게 되었고 자신은 그 일로 많은 적들을 총으로 쏴 죽였다고 했다. 그리고 "그는 친구의 몸이 피로 붉게 물든 것과 사람들이 죽은 모습이 자꾸 꿈에 보인다고 했다." 그래서 우리는 성경을 찾아 함께 읽었다.

"여호와께서 말씀하시되 오라 우리가 서로 변론하자 너희의 죄가 주홍 같을지라도 눈과 같이 희어질 것이요 진홍 같이 붉을지라도 양털 같이 희게 되리라"(사1:18)

 말씀을 읽고 절망으로 가득 찼던 그의 마음에 소망이 생긴 것이 보였다. 다윗이 죄를 짓고 기도한 것을 읽게 하고 당신도 이렇게 기도하겠느냐고 물었다.

"하나님이여 나의 구원의 하나님이여 피 흘린 죄에서 나를 건지소서. 내 혀가 주의 의를 높이 노래하리이다" (시51:14)

"내가 이르기를 내 허물을 여호와께 자복하리라 하고 주께 내 죄를 아뢰고 내 죄악을 숨기지 아니하였더니 곧 주께서 내 죄악을 사하셨나이다(셀라)" (시32:5)

그는 말씀을 다시 읽고 그 말씀을 따라서 기도했고 그날 그는 구원 받게 되었다고 한다.

이때 조심할 것은 "당신은 그렇게 큰 죄인이 아닙니다."라는 말로 상대방에게 거짓 위로를 주려 해서는 안 된다.
 우리는 종종 이런 실수를 한다. 그래서 상대방에게 그 사람이 그렇게 큰 죄인이 아니라는 말로 위로하려 한다. 그러나 그런 말은 거짓 위로이다. 사람들이 스스로 생각하는 것보다 더 큰 죄인이 아닌 사람은 아무도 없다. 오히려 위로보다 상대방에게 어떻게 구원

받을 수 있는지 그 방법을 제시하는데 집중하는 것이 좋다.

## 2. 좀 더 좋은 사람이 된 후에 믿겠다는 사람

이 사람은 자신이 죄 가운데 있기 때문에 좀 더 좋은 사람이 되면 믿겠다고 한다.

이런 사람들을 위해서 마태복음 9장 12-13절은 "예수님께서 들으시고 이르시되 건강한 자에게는 의사가 쓸 데 없고 병든 자에게라야 쓸 데 있느니라. 너희는 가서 내가 긍휼을 원하고 제사를 원하지 아니하노라 하신 뜻이 무엇인지 배우라 나는 의인을 부르러 온 것이 아니요 죄인을 부르러 왔노라."

"이 구절에서 예수님께서는 자신을 누구에게 비유하고 계십니까?"
"의사입니다."
"의사를 필요로 하는 사람이 누구입니까?
　　　　건강한 사람입니까 , 병든 사람입니까?"
"병든 사람입니다."
"병든 사람은 건강해진 후 의사에게 가야 합니까?"
"아닙니다."
"예수님께서는 누구를 초대하고 계십니까?
　　　　선한 사람들입니까 , 악한 사람들입니까?"
"악한 사람들입니다."
"하루는 두 사람이 하나님께 기도하려고 성전에 갔습니다.

한 사람은 자신이 죄인임을 고백하고 다른 한 사람은 자신의 선행을 감사하며 기도했습니다. 하나님께서는 이 두 사람의 기도 중 누구의 기도에 응답하셨습니까?(눅15:18-24)"
"자신이 죄인이라고 생각한 사람입니다."
"하나님은 당신도 그렇게 고백하면 받아주신다고 약속 하셨습니다. 기도로 주님 앞에 나아가시겠습니까?" 하고 구원받도록 결단을 촉구하고 기도로 도와주라.

## 3. 죄를 짓는 길이 좋아서 떠나지 않으려는 사람

악한 것들을 좋아하고 버리지 않는 사람이 있다. 죄의 길에서 즉시 떠나야 한다. 그렇지 않으면 죽음에 이르게 된다는 것을 알려주라.

"죄의 삯은 사망이요 하나님의 은사는 그리스도 예수 우리 주 안에 있는 영생이니라"(롬6:23).

"스스로 속이지 말라 하나님은 업신여김을 받지 아니하시나니 사람이 무엇으로 심든지 그대로 거두리라 자기의 육체를 위하여 심는 자는 육체로부터 썩어질 것을 거두고 성령을 위하여 심는 자는 성령으로부터 영생을 거두리라"(갈6:7-8).

"그러나 두려워하는 자들과 믿지 아니하는 자들과 흉악한 자들과 살인자들과 음행하는 자들과 점술가들과 우상 숭배자들과 거짓말하는 모든 자들은 불과 유황으로 타는 못에 던져지리니 이것이 둘째 사망이라"(계 21 : 8).

"범죄하는 그 영혼은 죽을지라 아들은 아버지의 죄악을 담당하지 아니할 것이요 아버지는 아들의 죄악을 담당하지 아니하리니 의인의 공의도 자기에게로 돌아가고 악인의 악도 자기에게로 돌아가리라. 그러나 악인이 만일 그가 행한 모든 죄에서 돌이켜 떠나 내 모든 율례를 지키고 정의와 공의를 행하면 반드시 살고 죽지 아니할 것이라. 그 범죄한 것이 하나도 기억함이 되지 아니하리니 그가 행한 공의로 살리라. 주 여호와의 말씀이니라 내가 어찌 악인이 죽는 것을 조금인들 기뻐하랴 그가 돌이켜 그 길에서 떠나 사는 것을 어찌 기뻐하지 아니하겠느냐"(겔 18:20-23)

"당신은 악한 길에서 떠나야 합니다. 그렇지 않으면 멸망하게 된다고 하나님은 말씀하십니다. 그러나 만일 당신이 그 길을 지금 떠나면 용서받고 구원받게 되십니다." 악한 길에서 떠나는 회개를 하시겠습니까?

다시 한번 위의 말씀을 읽고 질문하라
"악인이 만일 그가 행한 모든 죄에서 돌이키고 떠나면 어떻게 된다고 하십니까? 반드시 살고 죽지 않는다고 하십니다. 하나님은 악인이 죽는 것을 기뻐하신다고 했습니까? 그러면 지금 돌이키시겠습니까?"
구원의 길로 인도해 주고 기도 후 구원 받은 것을 말씀으로 확인시켜 주라.

## 4. 예수님을 믿으면 잃을 것이 많다는 사람

"사람이 만일 온 천하를 얻고도 자기 목숨을 잃으면 무엇이 유익하리요" (막8:36)

아무리 많은 것을 잃어도 목숨을 잃는 것보다 낫지 않는가 물어보라. 그리고 당신이 포기해야 하는 것들은 당신에게 좋은 것입니까? 해로운 것들 입니까? 물어보라.

"자기 아들을 아끼지 아니하시고 우리 모든 사람을 위하여 내주신 이가 어찌 그 아들과 함께 모든 것을 우리에게 주시지 아니하겠느냐" (롬8:32)

"우리가 아직 죄인 되었을 때에 그리스도께서 우리를 위하여 죽으심으로 하나님께서 우리에 대한 자기의 사랑을 확증하셨느니라" (롬5:8)

그리스도를 영접하는 일로 고민하는 한 여자가 상담자와 대화를 나누게 되었다. 그녀는 세상 쾌락을 무척 사랑하고 있었다. 그리스도인이 되면 자신이 좋아 하는 것을 모두 포기해야 한다고 생각하여 그것 때문에 예수님을 믿는 것을 망설였다.
"하나님께서 당신을 사랑하신다고 생각하십니까?"
"그렇습니다."
"얼마나 사랑하십니까?"

"나를 위해 자신의 아들을 죽이실 만큼 사랑하십니다."
"당신을 위해 자신의 아들을 죽음에 내어주실 만큼 당신을 사랑하시는 하나님께서 당신에게 유익한 것들을 포기하라고 요구하시겠습니까?"
"아니요, 그렇지 않습니다."
"당신에게 유익하지 않은 것을 계속 지키고 싶습니까?"
"아니요."
"그렇다면 지금 바로 예수 그리스도를 영접하는 것이 어떻습니까?"
"네, 그렇게 하겠습니다."
그 여인은 그렇게 예수님을 영접하였다.

"이 세상이나 세상에 있는 것들을 사랑하지 말라 누구든지 세상을 사랑하면 아버지의 사랑이 그 안에 있지 아니하니 이는 세상에 있는 모든 것이 육신의 정욕과 안목의 정욕과 이생의 자랑이니 다 아버지께로부터 온 것이 아니요 세상으로부터 온 것이라 이 세상도, 그 정욕도 지나가되 오직 하나님의 뜻을 행하는 자는 영원히 거하느니라" (요일2:15-17)

하나님은 우리가 사랑하는 세상의 것들은 다 사라지고 그리스도를 통해 소유하게 된 것만 영원히 남는다고 하셨다. 그러므로 포기해야 될 것 때문에 그리스도를 거부하는 사람은 엄청난 실수를 저지르고 있음을 다시 한 번 위 말씀으로 상기시키고 기도해주라.

## 5. 일이 너무 많고 바빠서 믿을 수 없다는 사람

일이 너무 많고 바빠서 믿을 수 없다는 사람의 말은 진짜일 수 있다. 그렇다 할지라도 예수님의 말씀처럼 당신이 직장이나 혹은 사업으로 성공하고 높은 직위를 얻고서 병들거나 가족이나 생명을 잃는다면 그 얻은 것이 무슨 소용이 있습니까? 물어보라. 그리고 예수님의 하신 말씀을 읽어주라.

"사람이 만일 온 천하를 얻고도 자기 목숨을 잃으면 무엇이 유익하리요" (막8:36)

"나를 사랑하는 자들이 나의 사랑을 입으며 나를 간절히 찾는 자가 나를 만날 것이니라 부귀가 내게 있고 장구한 재물과 공의도 그러하니라. 내 열매는 금이나 정금보다 나으며 내 소득은 순은보다 나으니라. 나는 정의로운 길로 행하며 공의로운 길 가운데로 다니나니 이는 나를 사랑하는 자가 재물을 얻어서 그 곳간에 채우게 하려 함이니라" (잠8:17-21)

주님을 잘 믿는 사람에 대한 하나님의 약속들을 함께 읽고 하나님의 복을 받는 길로 인도하라. 그리고 복을 받는 것 중 최상의 복은 복음을 믿고 받아들여 하나님의 자녀가 되는 것이 첫째이고 그 자녀에게 형통의 복도 주신다는 것을 깨우치고 복음으로 인도하라.

## 6. 믿으면 지금의 친구들을 잃을 것을 겁내는 사람

　신앙생활을 시작하기로 마음먹은 사람들에게는 경건치 않은 친구들이 있게 마련이다. 그래서 그리스도인이 되면 친구들을 잃을 수 있어 못 믿겠다는 사람들을 만난다. 그런 사람에게 "실제로 친구들을 잃을 수 있습니다. 그러나 만일 불경건한 친구들이라면 없는 편이 더 낫지 않습니까?" 하고 질문을 해보라. 하나님께서 이 문제에 관해 어떻게 말씀하시는지 봅시다.

　"간음한 여인들아 세상과 벗된 것이 하나님과 원수 됨을 알지 못하느냐 그런즉 누구든지 세상과 벗이 되고자 하는 자는 스스로 하나님과 원수 되는 것이니라" (약4:4)

　"지혜로운 자와 동행하면 지혜를 얻고 미련한 자와 사귀면 해를 받느니라" (잠언13:20)

　"예수께서 이르시되 내가 진실로 너희에게 이르노니 나와 복음을 위하여 집이나 형제나 자매나 어머니나 아버지나 자식이나 전토를 버린 자는 현세에 있어 집과 형제와 자매와 어머니와 자식과 전토를 백 배나 받되 박해를 겸하여 받고 내세에 영생을 받지 못할 자가 없느니라" (막10:29-30)

　"당신이 만일 지금 예수님을 믿으면 불경건한 친구들만 아니고 심지어 가족들도 떠나게 된다고 하십니다. 그러나 당신 때문에 나중에 그들도 구원받게 될 것이라고 하셨는데 어떻게 생각하십니까? 그리고 불경건한 친구들을 잃을 수 있지만 더 좋은 친구들을 얻게 된다고도 약속하십니다."

"우리가 보고 들은 바를 너희에게도 전함은 너희로 우리와 사귐이 있게 하려 함이니 우리의 사귐은 아버지와 그의 아들 예수 그리스도와 더불어 누림이라" (요일1:3)

"사귐"이란 말씀은 새로운 친구들을 얻게 된다는 뜻입니다. 그분들은 누구입니까? 하나님 아버지와 예수님 그리고 성령 하나님 이십니다. 그리고 그리스도를 믿는 성도들임을 깨우쳐 주라.

## 7. 교회 안에 도저히 용서할 수 없는 사람이 있어서 못 믿겠다는 사람

자기에게 잘못한 사람들을 도저히 용서하지 않으려는 사람이 있습니다. 만일 당신이 그를 "용서하지 않으면 당신이 망하게 될 텐데 그래도 좋은가 물어보라.

"너희가 각각 마음으로부터 형제를 용서하지 아니하면 나의 하늘 아버지께서도 너희에게 이와 같이 하시리라" (마18:35)

그런 다음 마태복음 18:21-35를 읽고 사람들이 당신에게 행했던 일들은 당신이 하나님께 지은 죄와 그 모든 죄를 예수님께서 십자가와 부활을 통해 용서하신 것에 비하면 아무것도 아님을 알게 하라.

어느 날 밤 토레이 목사는 한 노신사를 만나 그리스도인인지 물었다. 그는 아니라고 대답했다. 그는 타락한 그리스도인이었다. 타락한 이유를 물었을 때 그리스도인들 때문에 큰 손해를 봐서 하나님을 떠났다고 했다. 그래서 그에게 "그리스도인이라고 하는 사람이 당신에게 큰 피해를 줬다고 해서 그리스도를 거부하고 영생의 길을 떠나 영원히 구원받지 못할 길로 가는 것은 자신의 영혼과 삶에 큰 해를 스스로 끼친다 것을 모르십니까? 하자. 그는 그날 깊이 깨닫고 회개하며 그리스도께로 돌아왔다 했다.

"아들을 믿는 자에게는 영생이 있고 아들에게 순종하지 아니하는 자는 영생을 보지 못하고 도리어 하나님의 진노가 그 위에 머물러 있느니라"(요3:36 )

자신에게 죄를 짓는 자의 심판은 하나님께 맡기고 오직 주만 따르라고 권면하라.

## 8. 하나님을 믿기에 너무 늦었다고 말하는 사람

이런 사람은 자신이 지은 죄에 눌려서 사는 사람이다. 그러므로 하나님께서 용서하지 않는 죄가 무엇인지 성경을 통해 보여 주고 물어보라. 먼저 용서받을 수 없는 죄가 무엇인지 마태복음

12:31-32절에 "그러므로 내가 너희에게 이르노니 사람에 대한 모든 죄와 모독은 사하심을 얻되 성령을 모독하는 것은 사하심을 얻지 못하겠고, 또 누구든지 말로 인자를 거역하면 사하심을 얻되 누구든지 말로 성령을 거역하면 이 세상과 오는 세상에서도 사하심을 얻지 못하리라" 하셨다. 하나님께 용서 받을 수 없다고 하신 죄는 성령을 거슬러 하나님을 모독하는 죄입니다. 성령을 거슬러 하나님을 모독하는 죄는 마귀의 일로 당신이 이런 죄를 범하셨습니까? 하고 물어보라 대부분의 사람은 이런 죄를 저지르지 않습니다.

요한복음6:37-40절은 "아버지께서 내게 주시는 자는 다 내게로 올 것이요 내게 오는 자는 내가 결코 내쫓지 아니하리라. 내가 하늘에서 내려온 것은 내 뜻을 행하려 함이 아니요 나를 보내신 이의 뜻을 행하려 함이니라. 나를 보내신 이의 뜻은 내게 주신 자 중에 내가 하나도 잃어버리지 아니하고 마지막 날에 다시 살리는 이것이니라. 내 아버지의 뜻은 아들을 보고 믿는 자마다 영생을 얻는 이것이니 마지막 날에 내가 이를 다시 살리리라 하시니라"

예수님은 "내게 오는 자는 내가 결코 내어 쫓지 아니하리라"라고 말씀하셨습니다. "지금 나오시겠습니까?" 그때 온갖 이유를 대는 사람도 있다. 그때마다 "내게 오는 자는 내가 결코 내어 쫓지 아니하리라"라는 약속의 말씀을 반복하고 "나오시겠습니까?"라는 질문을 되풀이하라.

절망의 늪에 빠져서 다섯 번에 걸쳐서 자살을 시도했던 한 젊은이가 어떤 수련회에 참석했다. 그는 상담자에게 자신이 가롯 유다처럼 마귀가 들어 왔다고 했다. 하루에 한번 씩 만나

상담을 하면서 항상 요한복음 6장 37절 "내게 나오는 자는 내가 결코 내어 쫓지 아니하리라."고 하신 "예수님의 말씀"을 믿으시겠습니까? 물었다. "예, 저는 성경에 있는 모든 말씀을 믿습니다."

"내게 오는 자는 내가 결코 내어 쫓지 아니하리라" 하셨는데 그 분께 나오시겠습니까?

"저는 마귀에게 사로잡혀 있습니다."

"예수님께서는 '내게 오는 자는 내가 결코 내어 쫓지 아니하리라' 고 말씀하십니다."

"정말로 마귀가 내게 들어왔습니다."

"예수님께서는 '마귀가 들어왔든 안 들어왔든 '내게 오는 자는 내가 결코 내어 쫓지 아니하리라' 고 말씀하십니다. 그 분께 나오시겠습니까?"

"나오고 싶은 기분이 생기지 않습니다."

"기분이 들든 들지 않든지 '내게 나오는 자는 내가 결코 내어 쫓지 아니하리라.' 고 말씀하십니다. 지금 나오시겠습니까?"

"적절한 방법이 생기면 나가겠습니다."

"예수님께서는 적절한 방법이든지 아니든지 '내게 오는 자는 내가 결코 내어 쫓지 아니하리라' 고 말씀하고 계십니다. 지금 나오시겠습니까?"

그 사람은 수차례 망설이다가 무릎을 꿇었다.

"주 예수님 주께서는 '내게 오는 자는 내가 결코 내어 쫓지 아니하리라.' 고 말씀하셨습니다. 저는 이제 주님께 나옵니다. 받아주시옵소서 예수님 이름으로 기도합니다."

그 젊은이는 상담자를 따라서 한마디씩 기도 했다.

기도 후 상담자는 그에게 물었다.

"예수님은 당신을 어떻게 하셨습니까?"

"예수님께서는 저를 받아주셨습니다."

"하나님의 말씀을 믿으십니까?"

"그렇습니다."

"그러면 이제 당신 방으로 가십시오. 마귀가 당신에게 무섭게 싸움을 걸어 올 것 입니다. 그렇지만 '내게 오는 자는 내가 결코 내어 쫓지 아니하리라'는 예수님의 말씀 위에 굳게 서면됩니다. 그렇게 하시겠습니까?"

"그렇게 하겠습니다."

그는 자기 방으로 갔다. 마귀가 와서 그를 공격하면서 구원받은 것을 의심하게 했지만 그는 "내게 오는 자는 내가 결코 내어 쫓지 아니하리라."는 주님의 약속을 계속 말하고 그 약속으로 마귀와의 전쟁에서 승리했다. 그 후 그는 하나님께 유용한 사람으로 쓰임 받게 되었다고 했다.

## 9. 성령 훼방 죄를 지어 다시 구원 받을 수 없다는 사람

많은 성도들이 연약하여 죄를 지은 후 아래 구절의 말씀들이 자신들을 말하고 있다고 생각하여 자신은 이제 구원받을 소망이 없다고 생각하며 낙심하고 두려워한다. 그런 사람과 상담할 때는 이 구절의 정확한 뜻을 설명해야 한다.

"한 번 빛을 받고 하늘의 은사를 맛보고 성령에 참여한바 되고 하나님의 선한 말씀과 내세의 능력을 맛보고도 타락한 자

들은 다시 새롭게 하여 회개하게 할 수 없나니 이는 그들이
하나님의 아들을 다시 십자가에 못 박아 드러내 놓고 욕되게
함이라"(히6:4-6)

(1) 먼저 이 구절은 그리스도를 비방하고 다시 유대교로 되돌아가서 배교할 처지에 있는 히브리 그리스도인들을 겨냥한 말씀임을 설명하라. 그리고 이 구절이 자신의 경우에 해당되는지 질문해 보라. 물론 그렇지 않다고 답할 것이다. 이 구절은 단순히 죄에 빠진 사람을 언급하는 것이 아니다.

(2) "다시 새롭게 하여 회개시킬 수 없다."는 말씀은 마음이 너무도 완악해서 그리스도께 돌아오고자 하는 의도가 전혀 없다는 뜻인데 지금 당신도 그러한지 물어보라.

(3) 베드로의 경우를 예로 들어 그리스도를 따르던 그는 3번이나 예수님은 부인하는 큰 죄에 빠졌으나, 회개하고 다시 회복되어 가장 유용한 사람이 되었음을 제시하라.

"우리가 진리를 아는 지식을 받은 후 짐짓 죄를 범한즉 다시 속죄하는 제사가 없고 오직 무서운 마음으로 심판을 기다리는 것과 대적하는 자를 태울 맹렬한 불만 있으리라"(히 10:26-27)

히브리서 6장 4-6절 때문에 고민하는 사람들이 있는가 하면 또 위 구절 때문에 고민하는 사람들을 만나게 된다. 그들은 위 구

절의 말씀이 자신의 처지를 말하고 있다고 생각하며 큰 고민에 빠진 사람들이다. 이런 사람을 상담하려면 이 구절의 정확한 뜻을 알려 줘야 한다. "고의적으로" 라는 말은 기꺼이 스스로 완고하고 완악한 마음을 의미하는 것이다. 이는 연약해서 죄에 빠진 경우가 아니라 온 마음을 다해 하나님을 거부하고 자신의 삶 전체를 죄에 내던지는 배교를 말하는 것이다.

구절이 자신에게 해당되는지 질문해 보라. 그리고 요한복음 6장 37절에 예수님께서 "내게 오는 자는 내가 결코 내쫓지 아니하리라"고 하신 말씀을 지금도 거절하고 싶은지 물어보라 만일 그렇지 않다고 말한다면 지금 예수님께 나아갈 것을 권면하고 함께 기도하라 그리하면 구원의 큰 기쁨을 얻게 될 것이다.

## 10. 성경은 믿을 수 없다고 말하는 회의주의자

한 남자가 무디 목사에게 "믿을 수 없어요." 라고 말했다. 무디는 "누구를 믿을 수 없다는 말입니까?" 라고 물었다.
"하나님을 믿을 수 없다는 말입니까?"
"그래요, 하나님을 믿을 수 없어요. 그리고 저 자신도 믿을 수 없고요."
무디는 이렇게 말했다. "당신 자신을 믿는 것은 저도 원치 않습니다. 당신이 예수님을 믿기를 바랄 뿐입니다."

가령 "저는 성경 창세기 첫 장에 나오는 창조에 관한 이야기는 믿을 수가 없어요. 그리고 요나와 큰물고기에 관한 이야기도 믿지 못하겠고요."라고 말하는 사람이 있다면 물론 창세기 첫 장에 나오는 창조에 관한 말씀을 인간은 믿어야 하며 요나에 관한 이야기도 당연히 믿어야 한다. 하지만 그런 문제들은 구원도 받지 않은 사람과 토론할 문제들이 아니다. 그렇게 문제를 지적하는 사람에게는 "예수 그리스도는 믿을 수 있겠습니까?"라고 물어보는 것이 좋다.
"예, 예수 그리스도는 믿을 수 있습니다."
"그러면 그분이 당신의 죄를 지시고 십자가에 죽으신 구세주이심을 믿고 받아들이시겠습니까?"

성경에 나오는 이런 사건이나 저런 사건이나 이런 교리나 저런 교리를 믿어야 구원을 받는다는 말씀은 없지만 "예수 그리스도를 믿어야만 구원받는다."는 말씀은 성경에 있다는 것을 상기시킨다.

"주 예수를 믿으라 그리하면 너와 네 집이 구원을 받으리라" (행16:31)

"하나님이 세상을 이처럼 사랑하사 독생자를 주셨으니 이는 그를 믿는 자마다 멸망하지 않고 영생을 얻게 하려 하심이라" (요3:16)

"지금 예수님을 믿으시겠습니까?"
"(예)"

그를 구원 받도록 기도로 도와주라. 그런 후 당신 앞에서 한 질문들은 믿음이 성장하면 그것에 답하지 않아도 성령께서 알게 하실 것이라는 것을 알려주라. 많은 사역자들이 선한 의도로 구원받지 도 않은 사람들과 이런 질문들을 가지고 토론하는 큰 실수를 범할 때가 있다. 구원받지 않은 사람은 그런 문제들을 절대 이해할 수 없다는 것을 알아야 한다. 그리고 그런 문제보다 복음을 전하는 일에 집중하는 것이 좋다.

## ■ 부록
### 1. 전도를 위한 계획
1) 기획팀
2) 현장전도지역조사팀
3) 전도팀
4) 양육팀(직접, 서신)
5) ①지원팀(기도) ②지원팀(물질)
6) 행정지원 및 관리팀

### 2. 전도대상자의 심리상태

| | |
|---|---|
| +7 | 독립사역자 |
| +6 | 은사 개발과 훈련(재생산) |
| +5 | 청지기 직분 - 시간관리, 근전, 결혼, 성도의 교제(우정), 직장생활, 가정, 자녀교육, 봉사의 직분 |
| +4 | 하나님과 교제 - 경건의 생활 지도 |
| +3 | 새 신자 양육 |
| +2 | 교회등록 또는 입교(기초양육과 세례) |
| +1 | 구원의 확신 |
| 0 | 새로운 피조물(중생=거듭남) |
| -1 | 회개와 믿음 |
| -2 | 결단의 촉구 |
| -3 | 개인 문제 인정 - 복음의 핵심 정확히 알려줌 |
| -4 | 적극적으로 나눔 - 죄인이 바로 당신임 |
| -5 | 복음의 필요성 인정 - 복음의 기초를 알려줌 |
| -6 | 하나님의 계심을 믿지만 나와 무슨 관계가 있나? 일반적인 죄와 심판이 있음을 알려줌 공허, 외로움, 죄의식 - 원인은 하나님 사랑이 없기 때문 |
| -7 | 하나님의 계심은 믿지만 유일신을 믿지 않음 예수님 이야기 보다는 창조주 이야기를 더함 창조의 목적, 성서 구성 설명, 어린이 태어나기 전의 준비물 |
| -8 | 하나님의 계심을 알지 못하는 자 일반계시 - 자연, 양심, 인간의 상태를 통하여 창조주 하나님이 계심을 알려 줌 |

3. 알아야 할 4가지

# 당신이 꼭 아셔야 할 영적인 4가지

아침에 뜬 해는 저녁에 집니다. 나뭇가지에 잎이 피고 꽃이 지면 열매가 맺힙니다. 이 것은 자연에 일정한 법칙이 있다는 것을 말없이 설명해 주는 것입니다. 이와 같이 하나님과 사람사이의 영적인 세계에도, 변함없는 관계가 있습니다.

### 1. 하나님은 당신을 사랑하십니다

"하나님이 세상을 이처럼 사랑하사 독생자를 주셨으니 이는 저를 믿는 자마다 멸망치 않고 영생을 얻게 하려 하심이라" (요3:16) 그러므로 하나님은 당신의 생애를 위하여 놀라운 계획을 가지고 계십니다. "내가 온 것은 양으로 생명을 얻게 하고 더 풍성이 얻게 하려는 것이라" 그러나 많은 사람들이 풍성한 생애를 누리지 못하고 있습니다.

그 이유는 무엇입니까? ------------------------------------------------------------

### 2. 사람에게 죄가 있기 때문입니다

"모든 사람이 **죄**를 범하였으매 하나님의 영광에 이르지 못하더니" (로마서 3:23)

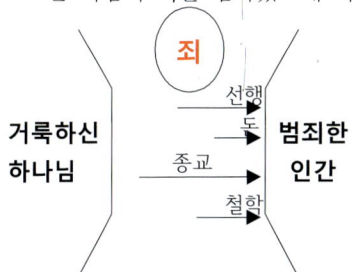

맨 처음 하나님이 사람을 만드셨을 때 하나님과 사귐을 갖도록 하셨습니다. 그러나 사람이 하나님을 떠나 자기 마음대로 살기 시작 하면서부터 하나님과의 쉼이 끊어졌습니다. 이것이 성경이 말하는 **죄**이며 이 **죄** 때문에 사람은 하나님과 분리되었습니다.

"오직 **죄**악이 너희와 너희 하나님사이를 내었고 너희 **죄**가 그 얼굴을 가리워서 너희를 듣지 않으시게 함이니" (이사야 59:2)

하나님과의 분리는 죄에 대한 심판을 말합니다. "**죄**의 삯은 사망이요" (로마서 6:23) "**범죄** 하는 그 영혼은 죽을찌라" (에스겔 18:20) 거룩하신 하나님의 심판을 받아 하나님으로부터 떠나 있는 인간에게는 만족이 없습니다. 그러므로 인간은 여러 가지 방법으로 하나님께 도달하고, 또 인생의 의미를 찾으려 합니다.

그러나 인간의 방법으로 이 죄의 문제를 절대로 해결할 수 없습니다. 그 길은 무엇입니까? ------------------------------------------------------------

### 3. 예수 그리스도 만이 유일한 해결책입니다

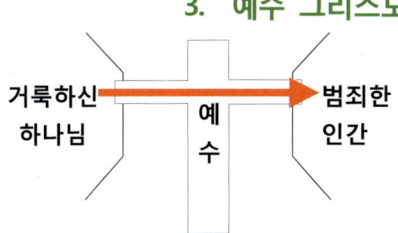

죄 없으신 예수님이 당신의 죄 때문에 십자가에서 심판을 당하시고 피를 흘려 당신의 죄의 값을 지불했습니다.

"우리가 아직 죄인 되었을 때에 그리스도께서 우리를 위하여 죽으심으로 우리에게 대한 자기의 사랑을 확증하셨느니라" (로마서 5:8)

"그가 찔림은 우리의 허물을 인함이요, 그가 상함은 우리의 죄악을 인함이라. 그가 징계를 받음으로 우리가 평화를 누리고 그가 채찍에 맞음으로 우리가 나음을 입었도다 여호와께서는 우리 무리의 죄악을 그에게 담당시키셨도다" (이사야 53:5,6)

#### 새롭게 산 길을 만들어 놓으신 예수 그리스도

하나님의 아들이신 예수 그리스도는 당신 대신 죽으셨다가 사흘 만에 다시 살아나심으로 죄 때문에 생겼던 하나님과 당신 사이에 다리를 놓으셨습니다.

"예수께서 가라사대 내가 곧 길이요 진리요 생명이니 나로 말미암지 않고는 아버지께로 올 자가 없느니라" (요한복음 14:6)

**이제 당신의 결정만이 남았습니다.**

## 4. 예수 그리스도를 믿고 영접하십시오

인간은 죄인이며 또 죄의 길에서 돌아서시기를 원합니다.
그 소원은 죄의 문제를 해결해 놓으신 그리스도를 받아들임으로 이루어집니다.
"볼찌어다 내가 문밖에 서서 두드리노니 누구든지 내 음성을 듣고 문을 열면 내가 그에게로 들어가리라" (요한계시록 3:20)
"영접하는 자 곧 그 이름을 믿는 자들에게는 하나님의 자녀가 되는 권세를 주셨으니" (요한복음1:12)

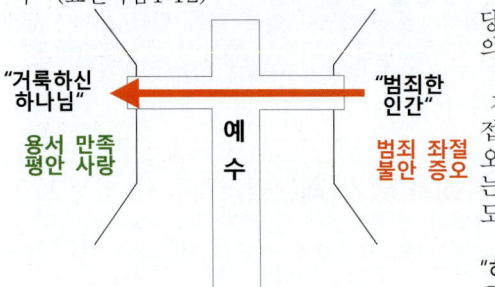

당신은 도표에서처럼 죄의 길에서 하나님의 길로 돌아서야 합니다.

지금 이 순간 기도로 예수그리스도를 영접하십시오. 당신의 주님으로 영접하십시오. 기도는 당신의 마음을 하나님께 알리는 것이며 하나님은 진실하고 간절한 기도를 꼭 들으십니다.

"하나님, 저는 죄인입니다. 제 마음의 문을 열고 예수님을 받아들입니다. 제 안에 오셔서 십자가에서 흘리신 예수님의 피로 저희 죄를 용서하시고 저를 자녀로 삼아주신 것을 감사합니다. 지금 하나님 아버지께 저의 모든 생애를 맡깁니다. 인도하여 주옵소서. 예수님 이름으로 기도합니다. 아멘"

**당신은 이 기도를 진심으로 하셨습니까?**

### 당신이 주 예수를 믿을 때 주어진 결과

당신은 **감정**에 상관없이 (감정은 항상 변합니다) 영원히 변하지 않는 하나님의 약속에 따라 죄를 용서받았습니다. 마태복음 13:23과 베드로 전서 1:23에서도 **감정**이 아니라 하나님의 말씀을 듣고 믿는 자는 구원을 받았다고 가르칩니다.

**죄의 용서** : "우리가 그리스도 안에서 그의 은혜의 풍성함을 따라 그의 피로 말미암아 구속 곧 죄 사함을 받았으니" (에베소서 1:7)
**구　　원** : "너희가 그 은혜를 인하여 믿음으로 말미암아 구원을 얻었나니 이것이 너희에게서 난 것이 아니고, 하나님의 선물이라" (에베소서 2:8)
**영　　생** : "내가 하나님의 아들의 이름을 믿는 너희에게 이것을 쓴 것은 너희로 하여금 너희에게 영생이 있음을 알게 하려 함이라" (요한일서 5:13)
**하나님의 자녀** : "영접하는자 곧 그 이름을 믿는 자들에게는 하나님의 자녀가 되는 권세를 주셨으니" (요한복음 1:12)
**마음 안에 계심** : "누구든지 문을 열면 내가 그에게로 들어가리라" (요한계시록 3:20)

### 축하합니다

당신이 그리스도를 믿고 영접하는 순간에 하나님의 자녀가 되셨습니다. 이제부터 영적 갓난아이로서 아래 사항들을 실천하면서 성숙한 믿음의 사람으로 자라가시길 바랍니다.
① 매일 성경을 읽으십시오 (베드로전서2:2, 요한복음 부터 시작하십시오)
② 항상 하나님과 기도로 대화하십시오 (데살로니가 전서 5:17)
③ 다른 사람에게 그리스도를 전하십시오.
④ 자백 : 그리스도인이 된 후에도 원하지 않는 죄를 지을 수 있는데, 그것은 옛 성품이 우리 안에 있기 때문입니다. 죄를 지을 때마다 하나님께 자백 하십시오. 그리하면 다시 기쁨과 평안과 사랑을 되찾습니다.(요한1서 1:9)
⑤ 교회 : 그리스도 그리스도인들은 정기적으로 함께 모여 하나님을 찬양하고 예배드려야 합니다. 성경을 옳게 가르치는 교회를 곧 선택하여 서로 권면하고 위로하고 사랑하며, 하나님께 영광을 돌리는 교제를 하십시오 (히브리서 10:24,25)

4. 글 없는 책